保健、医療、福祉、教育にいかす
簡易型認知行動療法
実践マニュアル

大野 裕・田中克俊　著/監修

ストレスマネジメントネットワーク

はじめに

　職域や地域で保健や医療、福祉に携(たずさ)わっている方から、「私のような者でも認知行動療法を使えるのでしょうか」と質問されることがよくあります。そうした質問に対して、「もちろん可能です」と答えるのですが、それは認知行動療法で使われているアプローチやスキルが決して特別なものではなく、ストレスを味方にしながらこころ豊かに生きている人たちが普通に使っている方法をわかりやすくまとめたものだからです。認知行動療法は、そうした日常的なストレス対処法を上手に使えるように手助けする問題解決型のアプローチで、だからこそ保健や医療、福祉、教育、司法など多領域で広く使っていただくことができるのです。

　そうは言っても、定型的（高強度）認知行動療法を実施できるようになるためには、個人スーパービジョンを含む専門的なトレーニングを受けながら実践を重ねる必要があり、わが国でも厚生労働省が専門家を育てる研修事業を実施してきました。しかし、そうしたトレーニングを受けて一定のレベルに達している専門家の数は多くありません。
　こうした専門家不足は、日本に限らず、欧米でも同じです。
　そこで、英国を中心に、定型的認知行動療法を基礎にした効果的な簡易型（低強度）認知行動療法が行われるようになってきました。それは、教育資材やITを利用したり、集団を活用したりすることで専門家のかかわりを極力抑えて行われるアプローチです。

本書は、そうした簡易型認知行動療法を職域や地域、医療場面で活動されている方々に活用していただくことを目的に作成しました。

　本書では、まず序章「定型的認知行動療法と簡易型認知行動療法」で認知行動療法の基本的な考え方について解説し、簡易型認知行動療法が生まれた背景について説明しました。

　第1部「認知行動療法の基本を理解する」では、関係の構築、概念化（定式化）、面接の基本構造、主要な認知行動療法のスキルに分けて、認知行動療法的アプローチを活用するための基本型を紹介しました。これは、これまでの臨床経験や厚生労働省の認知行動療法研修事業、厚生労働科学研究での体験をもとに書いたもので、簡易型認知行動療法だけでなく、定型的認知行動療法を実践する場合にも十分に役に立ちます。

　これまで認知行動療法に関しては、フォーミュラーと呼ばれる認知行動療法特有の概念や公式ばかりが紹介されるきらいがありましたが、本書ではそれに加えてコミュニケーションスキルや治療構造などの基本的な面接スキルについても解説するなど、日常の活動で利用しやすい内容になっています。

　第2部「簡易型認知行動療法を心身の健康生活にいかす」では、第1章「こころの健康教育に活用する」で職域を中心に一次予防からリカバリーまでの流れの中で簡易型認知行動療法を活用するアプローチを紹介し、さらに地域、医療、教育の各領域での活用方法について解説しました。教育場面での活用可能性に関しては、平澤千秋、高橋チカ子、桐木玉美の各氏をはじめとする認知行動療法教育

研究会のメンバーの助言を受けました。

　第2章「食事・運動教育に活用する」では、健康生活に重要な役割を果たす食事指導や運動教育について、認知行動療法を活用したアプローチを紹介しました。本章の原稿作成にあたっては、キヤノン安全衛生部の産業医の高田洋孝、保健師の矢内美雪、伊藤雅代、高橋瞳、北里大学看護学部教授田中美加、慶應義塾大学スポーツ医学総合センター武智小百合の各氏に情報提供いただき、大野裕が認知行動療法の視点からまとめました。こうした好事例の中に認知行動療法のエッセンスが盛り込まれていることを理解していただき、これらのエッセンスを日常の活動に取り込んでいただければと思います。

　第3章「睡眠教育に活用する」は、これまでの産業場面での教育活動や実証研究をもとに、穏やかな睡眠のための健康教育に役立つ情報を認知行動療法の視点を交えながら解説しています。睡眠障害が心身の健康にとって重要であり、睡眠障害に悩む人が多い現実を考えると、本書で取り上げたエビデンスに裏づけられた実践的取り組みは日常の活動に役に立つものと信じています。

　本書は、書籍として情報を提供するだけでなく、ストレスマネジメントネットワーク(株)のホームページに開設した本書専用の情報コーナーと連携して、集団指導に使われるパワーポイントを使った説明の概要を視聴したりパワーポイントをダウンロードしたりできるようになっています（http://www.stress-management.co.jp）。また情報コーナーでは、大野が担当した研修を動画で学べるようにするなど、書籍単体では伝えきれない情報を提供して、日常の活動の中で認知行動療法を活用していただけるように工夫しました。情

報コーナーにアップした主要な情報はDVD（有料）でもお分けしております。費用と手続きの詳細はストレスマネジメントネットワーク(株)のサイト内、本書専用コーナーをご覧ください。

　このようにウェブと協働した書籍出版は精神療法の領域では新しい試みで、読者の皆さまに本書を活用していただける可能性が高まるものと考えています。書籍とネットとの協働的情報提供を行うという新しい試みを行った本書が、保健や医療、福祉、教育の領域で活躍されている皆さまのお役に立てることを願っています。

　本書は、厚生労働省認知行動療法研修事業や厚生労働科学研究、慶應認知行動療法研究会、ストレスマネジメントネットワーク株式会社のケース検討会で議論したり勉強したりした内容を大幅に取り込んでいます。そうした研修、研究の場で一緒に認知行動療法の研修や研究、臨床を行ってきた藤澤大介、宗 未来、佐渡充洋、口川敦夫、菊地俊暁、古川壽亮、堀越　勝、中野有美、林　正年、田島美幸の各氏をはじめとする仲間たちに心から感謝します。

　また、本書は、ウェブと協働した書籍出版という新しい試みをしたこともあって自費出版することにしました。私たちの無理とも思える希望にしっかりと対応していただいて出版の手助けをしていただいたきずな出版の岡村季子専務、栗原純子氏、菅野みずほ氏にも感謝の意を表します。

大野　裕・田中克俊

目 次

はじめに 3

序　章　定型的認知行動療法と簡易型認知行動療法 11
　　　　認知とネガティビティ・バイアス 12
　　　　認知と感情の関係 14
　　　　現実を確認して認知の適切さを判断する 16
　　　　定型的（高強度）認知行動療法から
　　　　簡易型（低強度）認知行動療法へ 19
　　　　簡易型（低強度）認知行動療法 22
　　　　IT を活用した認知行動療法 24

第1部　認知行動療法の基本を理解する

第1章　認知行動療法の全体像を理解する 28
　　　　症例（事例）の概念化・定式化の治療的意義 29
　　　　悩んでいる人との接し方 30

第2章　症例（事例）の概念化・定式化
　　　　相談者をひとりの人として理解する 39
　　　　ストレス症状を持つ人を理解する 41
　　　　「プロクルステスのベッド」が意味するもの 46
　　　　症例（事例）の概念化・定式化とは 48
　　　　症例（事例）の概念化・定式化の実際 55

第3章　認知行動療法的面接の基本構造 60
　　　　a. 導入パート（5分、長くても10分）61

　　　　b. 相談・対処パート　67
　　　　c. 終結パート　71

第4章　主要な認知行動療法のスキル　75
　　　行動活性化　75
　　　認知再構成法　90
　　　　　コラム　マインドフルネス　104
　　　問題解決技法　115
　　　コミュニケーションスキル　123
　　　不安へのアプローチ　130

第2部　簡易型認知行動療法を心身の健康生活にいかす

第1章　こころの健康教育に活用する　136
　　　職域での活用　136
　　　・一次予防に活用する　138
　　　・職域におけるメンタルヘルス教育の実際　141
　　　・ストレスチェック制度との関連で活用する　148
　　　・復職支援と復職後支援、そして就労支援で活用する　151
　　　　　コラム　インターネット支援型個人認知行動療法の活用　153
　　　医療機関での活用　156
　　　地域での活用　161
　　　教育現場での活用　165

第2章　食事・運動教育に活用する　169
　　　本人の気づき　175
　　　健康教育と症例（事例）の概念化・定式化　176
　　　　　コラム　後輩のスタッフへの教育　178

個別健康教育の流れ　179
　　　課題を具体的に示す　182
　　　健康行動の阻害要因を明らかにして対策を立てる　183
　　　健康行動のモチベーションを高め行動を継続する　184
　　　健康行動を維持できなくなりそうになったとき　187
　　　空腹と欲望・依存を区別する　190
　　　運動教育と段階的課題設定　194
　　　　コラム　集団で行う運動教育　195

第3章　睡眠教育に活用する　197
　　　睡眠教育の概要　198
　　　睡眠衛生教育　201
　　　個別睡眠教育の準備　231
　　　個別睡眠教育の実践　234
　　　睡眠教育における症例（事例）の概念化・定式化　235
　　　睡眠障害のスクリーニング　236
　　　睡眠習慣の評価　239
　　　睡眠状況の把握と問題点の整理　239
　　　行動計画を立てる　241
　　　睡眠スケジュール法　242
　　　刺激コントロール法　243
　　　睡眠制限法　246
　　　フォローアップ　249

　　　　　　　　　大野　裕：序章、第1部、第2部（第1章～第2章）担当
　　　　　　　　　田中克俊：第2部（第3章）担当

本書の使い方

　本書は、ストレスマネジメントネットワーク株式会社（以下SMN）のサイト内に開設した、本書専用の情報コーナーをあわせてご利用いただくことにより、より深く認知行動療法を学ぶことができるようになっています。

【本書専用サイトでできること】
・集団指導の説明概要の視聴
・パワーポイント等資料のダウンロード
・講演動画の視聴
・DVD購入
・参考情報の確認など

■SMN本書専用サイトはコチラ
http://www.stress-management.co.jp/study/

※パスワードが必要となる箇所については「7e2tV」を入力のうえご利用ください。

定型的認知行動療法と簡易型認知行動療法

　認知行動療法とは、私たちの気持ち（感情）が、認知、つまりこころの情報処理のプロセスの影響を強く受けることに注目して、ストレスを感じたときの認知や行動にに働きかけて問題解決能力を高める目的で開発された精神療法（心理療法）です。

　歴史的に見れば、認知行動療法は、うつ病や不安障害／不安症などの精神疾患に対する治療法として開発され、その効果が実証されてきました。このように精神医療の現場で活用されてきたこともあって、認知行動療法を職域や地域の精神保健で活用することをためらう保健スタッフがいます。しかし、これから紹介するように、認知行動療法は様々な場面でのストレス対処法としても優れた成果を上げています。

　その理由は、認知行動療法が決して特殊なアプローチではなく、私たちが意識しないで行っている上手なストレス対処法を、誰もが活用できるようにわかりやすくまとめたものだからです。だからこそ、認知行動療法は、いわゆる精神疾患の治療法としてだけでなく、職域、地域、医療、学校、司法など多くの領域でのストレス対処法として活用することができるのです。

　そこでまず、精神疾患の治療法としての定型的な認知行動療法を紹介し、続いて医療場面に限らず、さまざまな場面で活用できる簡易型認知行動療法について紹介することにします。

　認知行動療法の全体像を理解するには、ストレスマネジメントネ

ットワーク株式会社のホームページ内の本書専用コーナー（以下、SMN本書専用コーナー）にアップしてある解説資料「こころのスキルアップ・プログラム（PDF）」が役に立ちます。解説資料「こころのスキルアップ・プログラム」とそれに対応するパワーポイントは、専用コーナーからダウンロードできますし、音声の解説を聞くこともできます。

認知とネガティビティ・バイアス

　認知行動療法は、認知に目を向けて気持ちをコントロールする力を育てる方法です。私たちの気持ちは、日常生活の中で様々な体験をしたときに、その情報をどう判断するかによって変わってきます。同じ出来事でも、受け取り方によって感じる気持ちはずいぶん違うのです（図1-1）。

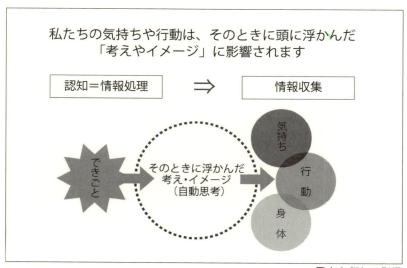

図1-1 認知の影響

そこで認知行動療法では、私たちがいろいろな出来事に出合ったときに瞬間的に頭に浮かんでいる考えやイメージに目を向けるようにします。このように自動的に頭に浮かんでくる考えを「自動思考」と呼びます。認知行動療法が自動思考に注目するのは、そのときどきの私たちの判断（認知）がそこに反映されているからです。

　自動思考は、そのときの瞬間的な判断ですから、ポジティブなこともあれば、ネガティブなことも、中立的なこともあります。ただ、私たちは何かストレスを感じることがあると最初は「ネガティビティ・バイアス」が働いて、悪い方向に考える傾向があります。それは、ある種の自己保存本能で、自分を守るために必要なことでもあります。
　一人でアパートの部屋にいるときに、突然、外で音がしたときのことを想像してください。そうしたとき、誰か素敵な人が会いに来たとは、まず考えないでしょう。泥棒ではないかと考えて身構えて、外を確認するのが普通です。
　その結果、何もなければ「風が吹いたのかな」と考えて安心します。知り合いの人が来ていたのであれば、これもホッとして、その人を部屋の中に招き入れるでしょう。もし泥棒だったら、これは大変だと警察に電話をしたり、知り合いに連絡したりして対策をとります。
　私たちはこのように、思いがけないことが起きたときには、瞬間的にマイナスに考えて身を守ろうとします。そして、その後、状況を確認するなどして情報を収集し、現実的な対応法を考えていきます。
　ところが、ストレスが溜まっていたり、ストレスを感じたりしている状態では、情報をうまく集められなくなって、マイナスの考えから抜け出せなくなっていきます。

認知と感情の関係

認知行動療法の創始者アーロン・ベック（*1-1）は、落ち込んでいるときに人は、自分自身、周囲との関係、将来の3つの領域で悲観的、否定的になっていることを発見し、「否定的認知の3徴」と呼びました。

私たちは落ち込んでくると、自信をなくして自分を責めるようになり、周囲から厳しい目で見られていると考え、将来に対して悲観的になってきます。その結果、うつ状態の人は自分の世界の中に閉じこもってしまうようになりますが、これを「こころの冬眠状態」と比喩的に表現することがあります。厳しい現実から身を守るために動物が冬眠をするように、自分の世界に閉じこもるようになるからです。

否定的認知の3徴

- ●自分自身に対して
  自分はダメな人間だ／自分には何の価値もない
- ●周囲との関係
  まわりの人たちは自分のことをうっとうしいと考えている
  まわりの人たちから嫌われている
- ●将来に対して
  これから先、良いことなど起こるはずがない

表 1-1　うつ状態に特徴的な否定的認知の3徴

不安なときには、危険を現実以上に大きく考え、自分の力や周囲からの支援を過小評価するようになってきます。このように考えるのは、油断しないで危険にきちんと対処するために必要なことではありますが、こうした傾向が強くなると、自信を失い、本来持っている力を発揮できなくなります。そして、うつ状態のときと同じように厳しい現実を回避するようになります（図1-2）。

　このように現実から目を逸らして自分にばかり目を向けるようになるのは、「これ以上傷つきたくない」と考えるからです。しかし、そう考えて現実の問題を回避すると問題に対処できなくなり、ますます自信をなくして不安が続くことになります。

　こうしたうつや不安の悪循環から抜け出す力を育てるのが認知行動療法です。だからといって、巷でよく言われるように、認知行動療法は考え方を変えるだけのアプローチではありません。認知行動療法は、問題解決志向的なアプローチです。考え方や行動パターンに目を向けるのは、それが問題解決を妨げているからです。

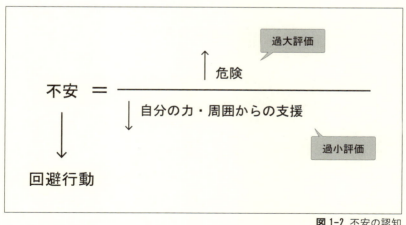

図1-2　不安の認知

現実を確認して認知の適切さを判断する

　認知について解説するときに、水が半分入っているコップの例がよく紹介されます（図1-3）。そのときに、「水が半分しか入ってない」と考えると心配になり、「半分も入っている」と考えると気が楽になります。このように考え方や受け取り方によって気持ちの状態は変わります。
　それでは、いつも半分も入っていると考えればいいかというと、必ずしもそうではありません。いまの日本で普通に生活をしていて、すぐに水が手に入る状況であれば、「半分しか入ってない」と考えるのは考えすぎで、心配しすぎだということになります。
　ところが、災害などですぐに水が手に入らないときには、「半分しか入ってない」と考えて、水を丁寧に使う必要があります。「半分も入っている」と考えてどんどん水を飲んでしまうと、後で大変なことになります。
　この例からもわかるように、そのときの考えが適切かどうか、役に立つかどうかは、きちんと現実を見て、はじめて判断できます。現実を見ないまま考えることは、ポジティブな内容であってもネガティブな内容であっても、決めつけでしかありません。
　ですから、認知行動療法では、現実に目を向けて情報を収集することを何よりも大切にするのです。
　ただ、現実を一人で見るのは大変です。なぜなら、よくないことを考えたときに、それが間違っているとは限らないからです。
　たとえば、「誰かとうまくいってない。自分は嫌われているのだ」と考えて落ち込んでいるときに、「嫌われているとは限らない」と

図1-3 プラス思考とマイナス思考

考えようとしても、実際に嫌われていることも十分にありえます。そうすると、考えを切り替えたことでさらに傷つくことになりかねません。

　そのように、よくない可能性を否定できないときに現実に目を向けるように勧められても、すぐにその気にはなれないでしょう。でも、そうしたときに誰かと一緒だったら、現実に目を向けようという気持ちになる可能性が高くなります。信頼できる人の存在は、とても大きな力になるからです。一人では大変なことでも、信頼できる人と一緒だと、取り組もうという気持ちになります。

　認知行動療法の治療者は、困った問題に直面したときに、そばに一緒にいて力になれる存在です。もちろんそれは、心理的にそばにいるという意味で、物理的にいつも一緒にいることではありません

序章　定型的認知行動療法と簡易型認知行動療法

し、そうしたことは不可能です。

　治療者は、問題に立ち向かうプレーヤーになることはできません。現実に目を向け、問題に取り組むことができるのは、悩んでいるその人だけです。認知行動療法の治療者は、あくまでもそばで声援を送る応援団です。解決のヒントを適切なタイミングで伝えるコーチのような存在です。

　こうした治療者と相談者の関係を、認知行動療法では「協働的経験主義」と呼んで尊重します。これは、悩んでいる人が現実生活の中で経験を通して気づきを深められるように一緒に問題に取り組む関係です。治療者がこのような態度で接することで、悩んでいる人は現実に目を向け、自分なりの工夫を重ね、問題に対応できる力を伸ばしていけるようになります。

　ここでもうひとつ大事なことがあります。問題にきちんと目を向けるだけでなく、その先の展望にも目を向けておく必要があるということです。目の前の問題にとらわれてしまうと、そこに巻き込まれてしまって、それがすべてのように思えてきます。そうなると、目の前の問題に上手に対処できたかどうかで一喜一憂してしまって、先に進めなくなります。目の前の問題にうまく対処できなくて失敗したからといって、すべてがダメになるわけではありません。くよくよ思い悩むより、その失敗から新しいことを学んだり、気づいたりすることで、その先、発展していけることのほうがずっと大切です。

　ですから、認知行動療法では短期的な小目標と長期的な大目標の両方を意識するようにします。目の前の問題だけでなく、その後にどのような方向に進もうとしているか、先の展望を視野に入れて問題に対処するようにします。そうすると、目の前の問題に圧倒されすぎずに自分の力を発揮できるようになります。

定型的（高強度）認知行動療法から簡易型（低強度）認知行動療法へ

　認知行動療法は、定型的（高強度）認知行動療法（High-Intensity CBT）と、簡易型（低強度）認知行動療法（Low-Intensity CBT）に分けられます。定型的（高強度）認知行動療法は、臨床場面で一般的に行われる構造化された個人精神療法です。定型的認知行動療法は、患者の主体性を尊重した温かく良好な信頼関係を基礎としたうえで、次のようなプロセスで治療を進めていきます。

① 導入期（第1～第3セッション）
　安定した治療関係を構築しながら、患者を理解するための情報を収集し、概念化を行います。
② スキル習得期（第4～第14セッション）
　認知再構成法や行動活性化、問題解決技法などの認知行動療法のスキルを用いて日常生活で起きる具体的な問題に取り組みながら、新しい気づきを積み重ね、ストレス対処能力を高める手助けをします。
③ 終結期（第15、第16セッション）
　面接過程を振り返り、今後起きる可能性のある問題への対応策を考えて再発を予防します。

　上記の括弧内には、厚生労働省の研究班が作成した16セッションのうつ病の認知療法・認知行動療法マニュアルをもとに該当するセッション数を例示しましたが、導入部で基礎固めをして、問題に

対処しながらスキルの習得を図り、終結期で全体をまとめながら予防策を講じるという基本的な流れは、面接回数にかかわらず同じです。

ちなみに、定型的認知行動療法は期限を区切って行う期限限定型のアプローチです。一般的には、10回〜20回の範囲内で行いますが、相談内容によってそれより短くて済む場合もありますし、長期間にわたる面接が必要になる場合もあります。設定した回数のセッションがくれば通常はそのまま終わりますが、必要があれば、相談者と話し合って追加の面接をしたり、数ヵ月後にブースターセッションを行ったりすることもあります。外来主治医にフォローを依頼したり、集団認知行動療法に参加するように勧めたりすることもあります。

誤解されやすいのですが、認知行動療法は、頭の中で考えを書き換えさせる方法ではありません。治療者は、「導かれた発見（guided discovery）」と呼ばれる対応を通して、患者が体験を通して気づきを深めていけるように手助けをしていきます。

そのために毎回、患者と一緒に現実的で具体的な問題（アジェンダ）を決めて、解決する手だてについて話し合い、その過程で生じた疑問をホームワークないしは行動計画（action plan）として実生活で確認するようにして進んでいきます。

こうした定型的認知行動療法がうつ病や不安障害／不安症などの精神疾患に有効であることは様々に実証されてきています。私たちも、中川敦夫氏や藤澤大介氏、佐渡充洋氏を中心に薬物療法で十分な効果が得られなかったうつ病患者に定型的に行動療法を実施することで、症状が有意に改善することを無作為化比較試験で実証しました。うつ病や不安障害／不安症の認知行動療法が診療報酬の対象になったのはこうした研究の成果を受けてのことです。

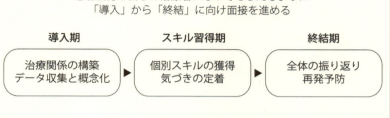

図 1-4 定型的認知行動療法プログラムの進展

　定型的認知行動療法の実際については、SMN本書専用コーナーで、ビデオを活用した大野による1日研修の動画映像を閲覧することができます。

　しかし、こうした定型的認知行動療法を実践する専門家を育成するには膨大な時間と費用がかかります。現実にわが国でも、厚生労働省が多くの予算をかけて録音に基づく個人スーパービジョンを中心とした、個人認知行動療法の専門家を育成する研修事業を実施していますが、国民のニーズに応えるには程遠い状況です。

　そうしたことから、近年、医療はもちろんのこと、職域や地域、教育現場で、より簡便な形で認知行動療法の考え方を効果的に用いる簡易型(低強度)認知行動療法が注目されるようになってきました。

簡易型（低強度）認知行動療法

　簡易型認知行動療法は、定型的認知行動療法で使われるアプローチを基礎にしながら、書籍（*1-2）やインターネットなども活用して、より多くの人が容易に効果的な精神保健・医療サービスを受けられるようにしたもので、一人のユーザーを担当する専門家の数や時間を少なくしながら効率的に実施することができるようになっています。

　簡易型認知行動療法の必要性は、欧米でも以前から指摘されていましたが、本格的に議論されるようになったのは、2000年前後からです。

　簡易型と表現すると、内容まで簡素化されているかのように誤解されますが、そうではありません。書籍やITCを活用して手順を簡素化することで少ないマンパワーで効果のある認知行動療法を提供できるようにしたアプローチのことです。そのように手順を簡素化したという意味を込めて、本書では「低強度」ではなく「簡易型」という表現を使っています。

　以下に、Bennett-Levy J, "Oxford Guide to Low Intensity CBT Interventions (Oxford Guides in Cognitive Behavioural Therapy)"（*1-3）で紹介されている簡易型認知行動療法のエッセンスを紹介します。

　　① 一人の相談者に使う時間を少なくする
　　　　集団で実施したり、面接時間を短くしたり、書籍やインターネットなどの補助資材を使ったりします。

② 簡易型認知行動療法の研修を受けた人が実施する
　　　必ずしも高度なスキルを持った専門家ではなく、保健・医療スタッフやボランティア、ピアサポーターなども、研修を受けて実施することができます。
③ 負担が軽い方法を使う
　　　相談者が、自分の時間にあわせて、自分のペースで、少しずつ行えるようにします。

　このような特徴を持った簡易型認知行動療法を実施する際には個人面接や集団指導、Eメール、インターネット、電話などを柔軟に活用します。また、実生活の中で認知行動療法のスキルを身につけられるように、ホームワークを重視します。これによって、相談者が自分の意思で、必要な情報やスキルを身につけられるような支援を効率的に提供できるようになります。
　簡易型認知行動療法によってストレス対処能力が高まることから、職域や地域、教育場面などで広く使われるようになってきています。復職支援プログラムの一環として集団認知行動療法を活用する施設が増えていますし、認知行動療法を社員教育に導入して疾患予防や生産性向上につなげようとしている企業もあります。ウェブサイトやEメールを活用することでより効率的に集団研修や個人面接を行える可能性もあります。
　集団で行う認知行動療法では個人的な話題を話し合うことが難しいために、心理教育的な要素が強くなる傾向があります。ですから、必要に応じて個人的な相談をできるようにするなど、集団と個人を組み合わせた形で認知行動療法が使われることもあります。

ITを活用した認知行動療法

　ウェブサイトで活用できる認知行動療法の例として、認知行動療法活用サイト「こころのスキルアップ・トレーニング（ここトレ）」（http://www.cbtjp.net/）があります。人がかかわらなくてもできることはコンピュータに任せて、人間的かかわりの必要な部分を人が担うという人間とコンピュータの協業を目的に作られたサイトで、PCやスマートフォンから利用することができます。

　「ここトレ」は、日常生活の中で体験する悩みやうつ、不安などのストレス反応に対処するスキルを身につけるためのもので、認知行動療法に関する種々の情報を文章や動画で提供するとともに、利用者が情報を書き込んで考えや問題を整理しながら認知行動療法について体験的に学習できるような構成になっています。

　Rush Jらが開発したうつ病評価尺度 Quick Inventory of Depressive Symptomatology（Self-Report）（QIDS-SR）日本語版やWHOが開発したこころの健康度調査を使って、利用者が自分のこころの健康度について自己チェックすることができます。

　「ここトレ」は会員制のサイトで、会員になれば毎週末メルマガ「こころトーク」が配信されます。また、会員は「認知行動療法を知る・学ぶ」、「認知行動療法を生活に生かす」、「認知行動療法の7つのスキルを練習する」に含まれたコンテンツを利用することができます。

　日常生活のなかで使いやすのは、「こころが晴れるコラム」、「かんたんコラム」、「こころ日記」、「こころの体温計」などで、うつ病を中心とした精神疾患についてや認知行動療法の基本について解説文や講演動画などを通して学習することもできます。

Web
こころのスキルアップ・トレーニング（ここトレ）
を使って「こころの力」を育てよう！

URL：http://www.cbtjp.net/

[利用料] 1年間：1500円+税／1カ月：200円+税 （2016年12月時点）

大野裕先生

■認知行動療法活用サイト「こころのスキルアップ・トレーニング（ここトレ）」は、パソコンやスマートフォンを通して、認知行動療法を体験できるサイトです。

＊「ここトレ」では、何ができるの？

★ メルマガ「大野裕のこころトーク」が毎週届きます

★ パソコンやスマホを使って認知行動療法のスキル練習ができます

◇ 認知行動療法の知恵を生活に生かしたいとき

> こころが晴れるコラム／かんたんコラム法／うつ度チェック／こころ日記／こころの体温計／ToDoリスト／マインドフルネス

（どんなときに、どれを使えばいいの？）

◇ 認知行動療法について知りたいとき

動画で知る	大野裕先生の講演や解説動画を視聴できます
書籍で知る	『うつ病、双極性障害で悩まないで！』がPDFで読めます
コラムで知る	うつ、ストレス、認知行動療法に関するコラムが読めます
メルマガで知る	「大野裕のこころトーク」はバックナンバーも読めます

◇ 認知行動療法のスキルを練習したいとき

> 認知行動療法7つのスキル
> →認知療法・認知行動療法の7つのスキルを7つのステップで練習できます
> 認知再構成法／行動活性化／問題解決／状況分析／リラクセーション
> コミュニケーションスキル（アサーション等）／スキーマ修正

◆ 企業・学校等のメンタルヘルスケアにご活用いただけます

団体での導入向けに特別割引セットプランを用意しております。

初期導入費：（人数にかかわらず）2万円（税別）
年間使用料

（価格は2016年12月時点のものです）

ご利用人数	価格（税別）	ご利用人数	価格（税別）
100人未満	3万円	5,000人～9,999人	30万円
100人～499人	5万円	10,000人～19,999人	50万円
500人～999人	8万円	20,000人以上の場合	1万人ごとに＋10万円
1,000人～4,999人	20万円	OEM版	別途要相談

■こころのスキルアップ・トレーニング事務局　　E-mail　info@cbtjp.net

認知行動療法の主要なスキルは、7つのスキルとして練習できるようになっています。①認知再構成法（考えを整理して考えのバランスととる練習）、②行動活性化（行動を通してこころを元気にする練習）、③問題解決技法（問題を上手に解決する練習）、④状況分析（期待する現実を作り出す練習）、⑤漸進的筋弛緩法（からだとこころをリラックスさせる練習）、⑥アサーション（自分の気持ちを上手に伝える練習）、⑦スキーマ修正（こころの法則を書き換える練習）の7つです。

　柔軟に考え問題に対処できる適応的思考が導き出されるように支援する「認知再構成法」の練習では、記入の各段階で書き込み方についてのアドバイスが参照できるようになっています。また、利用者が自動思考に対する「根拠」と「反証」を書き込めば、それらを「しかし」でつないだ適応的思考が表示されるようになっているので、それをもとに適応的思考を自分にあった形に書き換えることでしなやかな思考法を身につけることができるようになっています。

　「行動活性化」の練習では、利用者が書き込んだ活動のうち、とくに達成感や楽しみを感じた活動が、自動的にリストアップされる機能があり、「問題解決技法」の練習では、効果的で可能性のある解決策がリストアップされるようになっています。

　このように、自動的に情報が表示されるようになっていることで、利用者があたかも誰かと対話しているように利用できることも「こことトレ」の特徴となっていて、今後は人工知能的アプローチの導入も検討しています。

第 1 部
認知行動療法の基本を
理解する

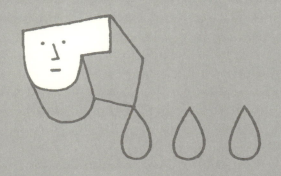

第1章 認知行動療法の全体像を理解する

　治療関係が精神療法（心理療法）の効果を高めることはよく知られています。Lambert MJ（Lambert MJ, Handbook of Psychotherapy Integration, 1992）がそれまでの精神療法の効果に関する研究の成果をまとめて報告していますが、それを読むと、相談者の強みや自己治癒力、社会的なサポート、偶然やラッキーな出来事などの「相談者要因と治療外の出来事」、共感、温かさ、需要、共感的な励ましなどの「関係要素」、「治療への期待・プラセボ効果」といった、どの精神療法にも共通する「非特異的要素（共通要素）」が面接の効果を高めるために重要だということがわかります。

　Lambertらが指摘した内容については、裏づけになる明確なエビデンスが示されていないことが問題とされていますが、治療関係が面接の成果に大きく影響するという指摘は、認知行動療法でも重要です。そうしたことから、認知行動療法の質を評価するために国際的に使われている認知行動法尺度（Cognitive Therapy Rating Scale, CTRS）の半分は非特異的要素の項目で構成されています。CTRSの具体的な内容と解説はSMN本書専用サイトにアップしましたので参考にしてください。

　そこで次に、認知行動療法の基本となる治療関係の作り方と、認知行動療法の面接の実際について紹介します。

症例（事例）の概念化・定式化の治療的意義

　精神的に苦しんでいる人を支援するためには、相談者をひとりの人間として受け止め、理解しようとする"みたて"をきちんと行う必要があります。保健・医療スタッフは、症状診断に心を奪われがちですが、症状は相談者の存在のごく一部でしかありません。

　相談者は、厳しい現実社会の中で懸命に生きているひとりの人間です。ひとりの人を手助けするためには、その人をひとりの人間として理解して、はじめて可能になります。

　悩んでいる人が抱えている悩みや症状、その症状の誘因や維持要因、その背景にある生まれ育ちなどを丁寧に理解して手助けしなくてはなりません。それと同時に、その人が持っている人間としての強みや長所、レジリエンスにも目を向ける必要があります。

　その人を生きづらくさせている問題に対処していくためには、本人の力を利用するのが一番効果的です。相談者をひとりの人間として受け止め、相談者の力を信頼しながら治療を進めていく保健・医療スタッフの姿勢は、相談者が自信を取り戻すきっかけになります。それはまた、スタッフに対する相談者側の信頼感を高め、ひいては相談者の人間関係を改善することにもなります。

　このように悩んでいる人をひとりの人間として理解することを専門的には「症例（事例）の概念化・定式化（case conceptualization ,case formulation）」と呼びます。詳しくは第2章で解説していますので、参考にしてください。

悩んでいる人との接し方

1) 人としてきちんと相談者に向き合いましょう

　相談者に人間的な関心を持ち、あたたかい態度で接し、一方的に自分の考えを押しつけないように配慮することが、何よりも大切です。ときにはユーモアのある言葉をかけてその場をなごませるなど、人間的な触れ合いが治療の効果を高める可能性があります。

　必要に応じてメモをとったり、そのメモを患者と共有したりするのは意味がありますが、相談者の話をすべてメモにとろうとしたり、キーボードで電子カルテに打ち込もうとすると、相談者のこころの動きを感じ取れなくなることがあるので注意しなくてはなりません。複数の作業を同時に行うマルチタスクでは効率が大幅に低下します。

　認知行動療法は、最初から認知に目を向けるわけではありません。アーロン・ベックは、「認知に到る王道は感情である」と言っています。私たちは、感情が動くことで、何か問題があることに気づきます。その問題を解決するために、認知に目を向けていくのです。

　気持ちの動揺は、何か問題が起きているということを、こころが伝えているアラーム機能だと考えることができます。感情が大きく動揺したとき、相談者の悩みや生きづらさに関係している問題が起きている可能性があります。気持ちが動揺したり、好ましくない行動をしたり、体に変調が現れたりするといった変化は、「こころのアラーム（警報器）」なのです。

　アーロン・ベックは、相談者が話をしながら涙ぐんだときに、その背景にあるつらい気持ちに共感を示しながら、「どのような考えが頭に浮かんでいますか」と問いかけるとよいと言っていました。

こころのアラームに気づいときには、立ち止まってその背景にある認知や行動の問題に目を向けることを勧めているのです。

だからといって、すぐに「考え」に目を向けるのは好ましくありません。「考えに問題がある」と最初から言うと、相談者の考えが「間違っている」と批判することになる可能性があるからです。ですから、まず相談者のつらさに共感することが大切で、そのうえでつらい気持ちの背景にある認知や行動に相談者が目を向けられるように手助けしていくようにします。

保健・医療スタッフは、相談者が話し終わるまで相談者の話にきちんと耳を傾け、相談者の工夫を引き出したり、提案を治療に活かしたりするように努めます。話がまとまらないときには、「大変ですね」「それはお困りになるでしょうね」と共感しながら、「○○ということで悩んでいらっしゃるんですね」と、保健・医療スタッフがまとめて、話が次に進むように水を向けた方が良い場合もあります。ただ、保健・医療スタッフがあまり話をまとめすぎると、相談者の主体性を奪ってしまう可能性があるので注意が必要です。

共感の態度を示したり共感の言葉をかけたりすることは、信頼できる関係性を築いていくためにとても重要です。相談者が「いつも上司が厳しく当たるんです。上司はきっと私のことが気に入らないんです……」と言ったときには、「それはつらいですね」と共感しながら、「上司が厳しく当たったときのことを具体的に教えていただけますか」と、具体的な出来事に目を向けていくようにします。抽象的な話題では、話を深めていけないからです。

治療関係では、力の差が関係性に影響を与えることを意識しましょう。一般的に、悩みを抱えている人は、基本的に弱い立場に、保健・医療スタッフは、基本的に強い立場にあります。そうした関係

性の中では、弱い立場の人はますます弱く、強い立場の人はますます強くなる傾向があります。

　ですから保健・医療スタッフは、意識しないまま相談者に指示的な態度をとりやすくなります。そうすると、弱い立場の相談者は言いたいことを言えなくなり、自信をなくすことになります。それだけでなく、自分の立場や考えを無視されたように感じてしまい、保健・医療スタッフを信頼できなくなります。そうした関係にならないようにするためにも、相談者の言葉に耳を傾ける傾聴の姿勢が大切です。

　相談者が繰り返し「いいえ」と答えなければならないような質問も避けるべきです。否定的な答えが続くと、相談者は、自分の力のなさを実感したり、責められているように感じたりしやすくなります。

　相談者の症状や背景を知ろうとして、質問ばかりする医療者や保健・医療スタッフがいますが、質問は、「あなたの言うことがわからない」というメッセージを伝えることになるので、注意が必要です。

　アメリカ精神医学会が出している支持的精神療法の教科書『動画で学ぶ 支持的精神療法入門』(*1-4)では、質問を3回続けないように注意しています。質問を続けることで、話していることがわからないという否定的なメッセージを伝えることになるだけでなく、保健・医療スタッフが面接の場をリードするようになるからです。そうすると相談者が主体的に考えて判断していく力を引き出し育んでいくことが難しくなります。そうした状況を避けるためにも、できるだけ相談者自身が問題点を整理したり、話をまとめたりしていけるように意識してください。

2）面接のペース配分や時間を適切に使いましょう

　相談者が話しやすい空間作りも大切です。物理的に他の人に知ら

れないようなプライバシーが守れるところで話を聞くことはもちろん、相談者が安心して話ができる心理的空間を作ることも大切です。そのために、相談者の状態に合ったペースで診療を進めていくようにします。相談者が理解しているかどうかに関係なく話を進めたり、どんどん話題を変えたりしないようにしましょう。

　面接の流れをパターン化することも役に立ちます（60頁参照）。診察のはじめに前回の診察のときの話題や生活を振り返って、今回テーマにする問題を決めて対応策を話し合い、最後に話し合った内容をまとめるようにします。

　こうしたパターン化を体験することで、相談者は、いくつかの問題に出会ったとき、それらの問題に振り回されないで、一つひとつ問題に取り組んでいく効率的な対処モデルを身につけることができるようになります。

3）相談者と力を合わせて面接を進めましょう

　保健・医療スタッフは、診療の最初に、相談者の希望や考えを聞き、相談者と話し合いながら相談の目標を決めます。目標を共有できていれば、相談者と保健・医療スタッフが不必要に対立したり、相談の方向性が見えなくなったりすることが少なくなります。不必要な対立を避けるためには、相談者が自分の気持ちや考えを十分に表現できるように配慮して、意識的に相談者からのフィードバックを引き出すようにします。

　一般に、相談者は保健・医療スタッフに対する不満を口にしにくいものです。ですから、認知行動療法では、相談者が自分の気持ちや考えを十分表現できるように配慮して、意識的に相談者からフィードバックを引き出すようにします。たとえば、面接の中で「私

は~と考えたのですが、それでよいでしょうか」と折々に尋ねたり、面接の最後に「今日は~について話し合いましたね」と確認したり、「何か気になっていらっしゃることはないでしょうか」と尋ねたりするとよいでしょう。

　不満に思っていることや疑問に感じていることを相談者が口にしたときには、その思いがどこから来ているのかについて、きちんと向き合って話し合い、不満や疑問を一緒に解消していくように心がけましょう。

　相談者と一緒に考えていくためには、原因を探る why question ではなく、どのようなことが起きてそうした問題にまでなったのか、その問題にどのように取り組めばよいと考えているのかを尋ねる how question を使うようにします。

　相談者が悩みを訴えたり、問題となる行動を取ったりすると、相談を受けている方は、「どうして~」「なぜ~」と質問しがちになります。しかし、「どうしてそのようなことをしたのですか」と聞かれると、相談者は、自分の行動を批判されたように感じます。それは、はっきりと理由を理解できない自分を自分で責めてしまうからです。また、子どものころに「どうして勉強しないの」「なぜ遊んでばかりいるの」と親や教師から責められた体験を思い出す人は多いでしょう。それでは、安心できる関係を築くことはできません。

　そうした関係に陥る(おちい)のを避けるためには、「どのようことがあってその問題が起きてきたのか、その問題にどのように対処すればよいのか、一緒に考えていきましょう」など、問題に至るまでの流れとその問題への対処法を一緒に考えていくようにします。

4）相談者の考えや気持ちをきちんと理解し、
　その理解を相談者に伝えるようにしましょう

　安定した関係を築くには、保健・医療スタッフが、相談者の話に十分に耳を傾けることも大切です。相談者が言葉で表現したことだけでなく、態度や雰囲気などにも気を配りながら、相談者の気持ちや考えを理解するように心がけます。相談者が自分の気持ちや考えを言葉に出せる雰囲気を作りながら、言葉の背景にある、言葉にできない相談者の気持ちや考えも理解していくように心がけます。

　ただ、話しづらいことまで話させてしまうと、相談者がつらい体験を思い出して傷ついたり、保健・医療スタッフにどう思われたか気にしたりすることがあるので、話せないことは話さないですむことを保証しておくことも大切です。

　保健・医療スタッフは、相談者の話に耳を傾けた上で、自分が理解したことを自分の言葉で相談者に伝え、力を合わせて相談者が直面している問題への対応策を考えていくようにします。このときに、保健・医療スタッフが、一方的に自分の解釈や考えを押しつけないように気をつけてください。

　相談者が話したことをまとめて直す保健・医療スタッフがいます。相談者の理解を助けようとしてそのようにしていることが多いのですが、そうすることによって、スタッフが話の流れを支配するようになってしまう可能性があるので注意が必要です。保健・医療スタッフのまとめは、あくまでもそのスタッフの意見でしかありません。スタッフが話をまとめすぎると、相談者の話がわかりにくいというメッセージを伝えることになる可能性もあります。ですから、スタッフが話をまとめるのは、相談者が話をまとめきれなくて困っているときに限るくらいにしたほうがよいでしょう。

相談者が工夫したり努力したりしていることは、率直に褒めるようにしましょう。相談者ができたこと、できていることを適切に褒めることができると、相談者は自信を持てるようになりますし、関係もよくなってきます。
　しかし、相談者の気持ちを無視してまでよいこと探しをするのは逆効果です。相談者ができていないといっているとき、何かできたことを探そうとする保健・医療スタッフがいます。よいところを探そうとする姿勢は大切ですが、相談者の気持ちや考えを無視して一方的によい面を取り上げると、相談者はわかってもらえていないと考えるようになる可能性があります。
　たとえば、「気分がふさぎ込んで、食事の準備くらいしかできていないんです」と相談者が言っているときに、「気分がふさぎ込んでいるのに食事の準備ができているのは素晴らしいじゃないですか」と褒めると、相談者は自分のつらさがわかってもらえていないと考えて、「でも……」と口ごもってしまうかもしれません。
　このように、「でも」とか「しかし」という言葉が相談者の口から出るときは、気持ちに寄り添えていない可能性があります。「でも」というのは、相手を否定する言葉です。一方、「たしかに」とか「そうですね」といった同意するような言葉や態度が相談者から出る場合は、保健・医療スタッフが相談者に寄り添えていると考えることができます。
　保健・医療スタッフの方が「でも、少しは仕事が進んだんでしょう」と「でも」を使うことがあります。そうした言葉が出るときには、保健・医療スタッフが、相談者の気持ちを無視して自分の考えを押しつけている可能性が高いので注意が必要です。

5）相談者の気づきを助けるような質問をし、
　相談者からのフィードバックを求める

　私たちは誰であっても、他の人からいくらよい話をされても、いくら説得されても、自分で納得できなければこころの中に残りません。これは、相談者でも同じです。保健・医療スタッフが一方的に相談者の問題を決めつけたり、アドバイスをしてしまうと、相談者の持っている力を否定することになったり、保健・医療スタッフの考えを押しつけたりすることになったりすることがあります。そうならないために、相談者自身が体験を通して新しい見方や考え方に気づけるように導いていく質問をするように心がけましょう。

　相談者が保健・医療スタッフの支援を得ながら体験し、気づきを深めていくプロセスを、認知行動療法では協働的経験主義と呼んで大切にしています。このときに経験するのは相談者自身で、保健・医療スタッフが代わりに経験することはできません。保健・医療スタッフはあくまでも応援団であり、コーチです。サッカーでも野球などのスポーツでも同じですが、応援団やコーチは選手の代わりにはなれません。

　保健・医療スタッフは「こうするともう少しうまくいくかもしれないですよ」と助言したり応援したりすることはできるのですが、現場に足を踏み入れて実際に工夫するのはあくまで相談者です。認知行動療法では、相談者が実生活の中での体験を通して、「ああ、なるほど」と気づけたり、「あれ、これちょっと違うぞ」と考えたりしながら理解を深めたりできるように手助けします。

　こうした気づきにつながる保健・医療スタッフの接し方を、認知行動療法では「Guided Discovery（導かれた発見）」と呼んで大事にします。これは、専門家が一方的な解釈をしたり説得したりする

のではなく、相談者が現実に目を向けられるような問いかけを行って、様々な角度から現実に目を向け、事実を積み重ね、そこから相談者が気づきを深めていけるように手助けしていく関わり方です。仮に保健・医療スタッフが自分の理解を伝える場合も、「○○なんですね」と言うのではなく、「私は○○と考えたのですが、いかがでしょうか」と、スタッフの考えであることを示して相談者からのフィードバックを引き出すようにします。このように相談者の気づきを助けるかかわり方は、ソクラテスが弟子に自分の哲学を伝えたときの態度になぞらえて「ソクラテス式問答」と呼ばれます。

　保健・医療スタッフのこうした姿勢は、相談者が、ホームワークを実施したときに自分の力で気づき工夫していくときのモデルにもなります。相談者は、自分自身にソクラテス的に問いかけながら、新たに工夫したり問題に対処したりできるようになります。

　このほか、「わかりました」と口癖のように言う保健・医療スタッフがいますが、「わかりました」という表現は、相談者のそれ以上の発言を止めてしまうことになるので注意が必要です。「わかる」のはスタッフではなく相談者であるはずです。わかったことを伝えたいのであれば、具体的な理由を添えたうえで、「そのような理解でよろしいですか」と相談者からフィードバックをもらうようにしましょう。

　また、相談者を安心させたいと考えて、何の根拠もないのに「大丈夫ですよ」と言ってしまうことがありますが、このような安易な声かけは相談者の信頼を損ねることになりかねません。

　認知行動療法で大切な関わり方を説明してきましたが、こうした態度は特別なものではなく、一般的なコミュニケーションのスキルです。その基本的な対人スキルを意識して相談者に接することができれば、認知行動療法を用いた相談スキルが格段に高まります。

第2章 症例（事例）の概念化・定式化
相談者をひとりの人として理解する

　産業保健・医療スタッフが相談に乗る場合、診断名にこだわりすぎるのは好ましくありません。それは、医師でも同じです。診断名は、治療ないしは支援のひとつの手がかりにはなりますが、診断名だけで治療や支援の方針が決められるわけではありません。精神的不調の治療や支援に当たっては、診断だけでなく、その人の心理社会的背景も考慮しながら、その人がその人らしく生活していけるような支援策を考えていく必要があるからです。

　ですから、保健・医療スタッフは、診断および"みたて"と治療ないしは支援を一体化してシームレスに行っていくようにします。たとえば、アメリカ精神医学会が作成した『DSM-5精神疾患の診断・統計マニュアル』の操作的基準を使ってうつ病と診断するためには、①抑うつ気分、②興味や喜びの喪失、③食欲の減退または増加、④睡眠障害（不眠または睡眠過多）、⑤精神運動の障害（強い焦燥感・運動の制止）、⑥疲れやすさ・気力の減退、⑦強い罪責感、⑧思考力や集中力の低下、⑨死への思い、の9つの症状のうち5つ以上が、ほぼ毎日、概ね1日中存在している必要があります。

　しかし、これは必要条件であって、十分条件ではありません。DSM-5でうつ病と診断されるためには、それに加えて、そうした症状のために本人が著しい苦痛を感じているか、生活に著しい支障を来たすようになっているか、どちらかの条件を満たしている必要があります。DSM-5のカテゴリー診断を行う場合、症状だけでなく、

障害の程度も同時に評価しなくてはならないのです。しかも、抑うつ症状が双極性障害やパーソナリティ障害など、他の障害に由来している可能性についても検討しなくてはなりません。

　また、仮にうつ病と診断されたからといって治療方針が決まるかというと、決してそうではありません。抑うつ症状が現れるようになった背景を理解し、その背景にある問題を解決する必要があるからです。その意味で、精神疾患の治療や支援は、その症状に苦しんでいる人の数だけあると考えることができます。

　うつ病などの精神疾患は単一の要因による疾患ではなく、複数の要因が関与した症状群です。ですから、DSM-5は導入部の「本書の使用法」の中で、ケース・フォーミュレーション（症例の定式化・概念化）、いわゆる"みたて"の大切さを指摘しています。

　そこでは、DSM-5の第一の目的が、「熟練した臨床家が、症例定式化のための評価の一部として行う診療患者の精神疾患の診断を助ける」ためのものでしかなく、各精神疾患は、診断基準に示される「症状の短い要約では描ききれないほどの認知的、情動的、行動的、生理学的過程が複雑にからみ合っているものである」と書かれていて、症例の定式化の重要性が強調されています。そして、症例の定式化では、「詳細な臨床病歴と、その精神疾患の発症に寄与したかもしれない社会的、心理的、生物学的な要因に関する簡潔な要約」を伴わなくてはならないとしています。DSM-5の表現を借りれば、「診断基準に挙げられている症状を単純に照合するだけでは、精神疾患の診断をするためには十分ではない」のです。

　症状診断のバイブルのように考えられることがあるDSM-5でさえ、診断基準に挙げられている症状を単純に照合するだけでは治療ないしは支援のための理解としては不十分で、発症に関与した可能性の

ある社会的、心理的、生物学的な要因を考慮し、ひとりの人として総合的に診断する必要があると明記しています（*2-2）。同様のことは、日本うつ病学会の治療マニュアルの導入部分でも指摘されています。

ストレス症状を持つ人を理解する

ここからは、ストレス症状ないしは精神症状を持つ人を評価する際の流れについて説明します。ストレス症状を訴えている場合には、まずその苦痛や苦悩に共感をしながら症状を把握するようにします。その際に、いわゆる精神医学的症状診断は大切ですが、その診断名にこだわりすぎず、総合的な視点から支援方法を考えていくことがそれ以上に大切だということは前述したとおりです。

具体的には、精神症状の重症度と持続期間に目を向け、どのような支援が必要かを判断します（図1-2-1）。重症度に関しては、前述した主観的なつらさと生活への支障、さらに睡眠や食欲などの日常生活の状態を評価します。職場や地域の精神保健では自殺対策も重要な課題であることを考えると、死への考えも評価の対象にした方がよいでしょう。

症状に関しては、重症度に加えて、持続期間と病状の変化にも目を向け、どのくらい続いているのか、改善しているのか、変化が見られないのか、それとも悪化しているのかを評価します。症状が軽度であったり持続期間が短かったりする場合、ないしは症状が中程度であっても改善傾向にある場合には、医学的治療は行わず経過を観察します。

一方、症状が中程度ないしは重症であり、改善の傾向が認められ

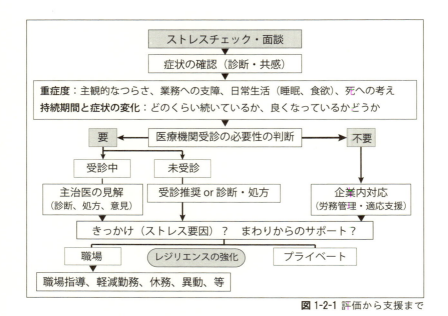

図 1-2-1 評価から支援まで

ないまま2週間以上持続している場合には、産業医が初期治療を行うか、しかるべき医療機関への受診勧奨を行うようにします。その際、一般の産業医や企業の精神保健担当者が外部の精神医療機関をどのように選ぶか迷う場合も少なくありません。そうした場合の対処法については、第2部の「医療機関での活用」（156頁）の中で詳述しました。

　治療は前述した"みたて"に基づいて環境調整、精神療法、薬物療法を効果的、統合的に行います。その概念図を図1-2-2に示しました。これは日本うつ病学会の治療マニュアルをもとに作成したものですが、うつ病に限らず、精神的不調はいくつかのストレス要因が重なり、周囲からの適切な支援が得られなかったり、支援を上手に受け取れなかったりしたときに脳機能の変調が生じる結果、起きてくると考えられています。そして、そのために悲観的な考えが強

くなり、ストレスを現実以上に大きく捉え、周囲からの支援に目が行かなくなり、悪循環が生じて精神的な不調が強くなります。

そこで、治療としては、ストレス要因を減らして周囲からの支援を受けやすくする環境調整、脳の変調に働きかける薬物療法などの生物学的治療、そして考え方などの心理的側面に働きかける認知行動療法などの精神療法（心理療法）を、状況や状態に応じて柔軟に使っていくことになります。

その際に、病状に応じて適切なアプローチを用いる stepped care と呼ばれる方法がすすめられています。図1-2-3は、健康に関連したガイドラインを発表している英国のNICE（英国国立医療技術評価機構）が推奨しているうつ病の治療ガイドラインです。NICEガイドラインでは、うつ病の重症度を4つのレベルに分けて、それに対応する治療法が示されていますが、本書で取り上げている簡易型

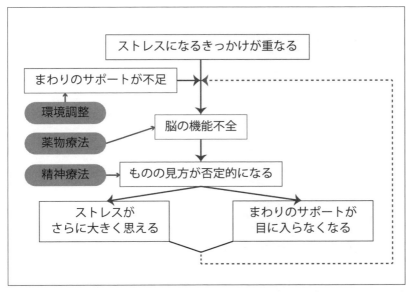

図 1-2-2 メンタルヘルス不調の発症メカニズムと治療

英国うつ病 NICE ガイドライン
stepped care model
(2009)

| 重篤で複雑なうつ病、生命の危機、重篤な自己ネグレクト | | 投薬、高強度の心理社会的介入、ECT、危機サービス、併用療法、複数の専門家による入院治療 |

| ・持続的な閾値下のうつ症状または軽症から中等症のうつ病で、初期治療への反応が思わしくない
・中等症から重症のうつ病 | | ・投薬
・高強度の心理社会的介入
・併用療法
・協働的ケアと更なる評価 |

| 持続的な閾値下のうつ症状または軽症から中等症のうつ病 | | 低強度の心理社会的介入、投薬と更なる評価と介入目的の紹介 |

| すべてを調べて、うつの症状が認められたり疑われたりする状態 | | 評価、支持、心理教育、積極的モニタリングと更なる評価と介入のための紹介 |

複雑なうつ病：いくつかの治療への反応が思わしくない、精神病症状の存在、重要な精神疾患の併存もしくは心理社会的要因

協働的ケア：慢性身体疾患を持ち機能の障害が存在しているうつ病に限る

図 1-2-3 英国うつ病 NICE ガイドライン

認知行動療法は、原則としてより軽症な下の2つのレベル、つまり「すべてを調べて、うつの症状が認められたり疑われたりする状態」と「持続的な閾値下のうつ症状または軽症から中等症のうつ病」に対して使うようにすすめられています。

　なお、職域での精神的不調では、環境調整だけで精神的不調が改善することが少なくありません。ですから、抑うつ症状が存在するからといってすぐに抗うつ薬などの生物学的治療を行うのではなく、職場やプライベートでのストレス要因を把握し、まずそれを改善するように働きかけるようにします。

　産業場面で中程度の抑うつ症状が認められる場合でも、職場要因が影響している場合には、仕事の質や量を調整したり、人間関係の改善を図ったり、配置転換させたりすることで症状が改善していくことはめずらしくありません。その意味で、うつ病や不安障害／不安症などの精神疾患は脳の病気だけでなく、社会的な病気でもあります。

　職場のメンタルヘルスケアでは職場に目が向きがちですが、私生活でのストレス要因や人間的なサポートなどのストレス緩和要因を検討して、相談者のレジリエンスを引き出し、企業内で実施可能な支援を行っていくようにすることが大切です。同時に、相談者自らが行っている工夫など、レジリエンスを引き出し、いかしていく関わりも大切です。

「プロクルステスのベッド」が意味するもの

　クレインＷらは、症例（事例）の概念化・定式化についてまとめた著書『認知行動療法におけるレジリエンスと症例の概念化』の第一章で、ギリシャ神話の中の「プロクルステスのベッド」のエピソードを紹介しています。

　プロクルステスは、山の中で宿屋を経営していた悪者で、宿泊客をベッドに寝かせて、ベッドから脚がはみ出せば脚を切り落としてベッドにあわせ、ベッドの端まで脚が届かなければ脚を引きちぎってベッドにあわせて命を奪ったといいます。しかも、背の低い人には長いベッドを、背の高い人には短いベッドをあてがって、絶対に身長がベッドの長さに合わないようにしたというからひどいものです。

　この逸話をクレインＷらが紹介したのは、私たち支援者が、ともすれば自分の理論や経験に縛られて、精神症状に苦しむ人を自分の思い込みに合わせようとすることが少なくないからです。私たち支援者は、無意識のうちにプロクルステスになってしまって、ストレス症状に苦しむ人の人となりに目を向けないまま精神症状や診断名にこだわったり、精神症状に苦しむ人の不安を顧みないで特定の治療を勧めたりする可能性があります。

　ストレス症状や精神症状は、悩んで相談に来た人の存在の一部でしかありません。ですから、症状だけに目を向けて診断したり、治療法を一方的に押しつけたりしても、その人の助けにはなりません。すでにストレス症状に苦しんでいる人のこころを傷つけてしまうことさえあります。「プロクルステスのベッド」のたとえは、「治療や支援はそれを提供する者のためにあるのではなく、支援を受ける人

のためにあるのだ」という、ごく当たり前のことを伝えているのです。

　ストレス症状や精神症状は、その人の人となりや環境との相互作用を抜きにして語ることはできません。そうした人たちへの支援は、家庭を含む社会の中に生きる個人の苦しみを理解することから始まります。いわゆる症状だけでなく、その人の社会的なあり方や人間としての生き方を理解する"みたて"ないしは"症例（事例）の概念化・定式化"が不可欠です。

　そのときには、その人が持っている長所、レジリエンス、そして人間関係など、人間としての強みにも目を向けるようにします。悩み苦しんでいる人の力を利用するのが、ストレス対処としての最大に効果的な方法だからです。

　保健・医療スタッフは、その人が持っている健康な力と手を結んで、その力をいかすこころの環境を整えるようにしてください。ストレス症状に苦しむ人の力を信頼する保健・医療スタッフの姿勢は、その人が自信を取り戻すきっかけになり、自分を信頼して見守るスタッフに対する信頼感を高め、それが効果的な支援につながってきます。

　このように相談者をひとりの人として理解することを、"症例（事例）の概念化・定式化"と呼びますが、認知行動療法でもこれをアプローチの基礎として重要視しています。ときに"症例（事例）の概念化・定式化"と、認知・思考・感情・行動の関係に目を向ける認知行動モデルを混同している専門家がいますが、それは正しくありません。"症例（事例）の概念化・定式化"は認知行動モデルを含んでさらに広い視点から、悩みを抱えている人を理解するもので、面接や相談を開始した初期の段階でまとめ、面接が進んで情報が増えて相談者への理解が深まるにつれて改訂していくようにします。

症例（事例）の概念化・定式化とは

"症例（事例）の概念化・定式化"（case conceptualization，case formulation）は、面接を有意義なものにするための地図の役割を果たします。症例（事例）の概念化・定式化には、生まれ育ちを理解する"縦断的概念化"、発症の誘因と維持要因を理解する"説明的概念化"、毎日の生活の中でどのような悪循環が起きているかを理解する"記述的概念化"の3つがあります（図1-2-4）。

"説明的概念化"と"記述的概念化"を合わせて、"横断的概念化"と呼ぶこともあります。"縦断的概念化"は、過去を振り返るために推測が多くなり信頼性が低くなるのですが、その人の特徴や強みを理解するためには有用です。

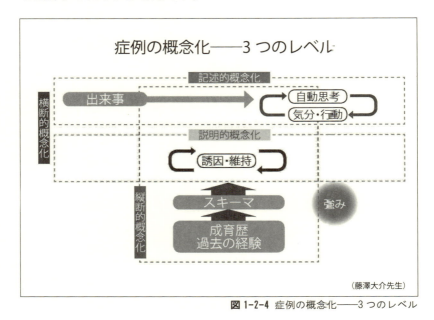

図 1-2-4 症例の概念化──3つのレベル

例を挙げてみましょう。生まれつき頑張り屋の性格の人が周囲からの期待に応えようと努力しているうちに、「頑張らないと見捨てられる」「人に頼ってはいけない」というスキーマを持つようになったとします（図1-2-5）。
　このスキーマは、責任感が強く、頑張って努力するというよい面にもなりますが、状況によってはマイナスに働きます。それは、仕事でミスをしたことをきっかけに落ち込み、上司を避けるようになると、仕事を抱え込んで助けを求めなくなるという悪循環に陥る場合などです。そのためにうつ状態が持続し、悪化することになります。些細な仕事のミスをしただけで、「取り返しのつかないことをした」「これで上司に見限られる」と悲観的に考えて落ち込むということを繰り返すようになるのです。

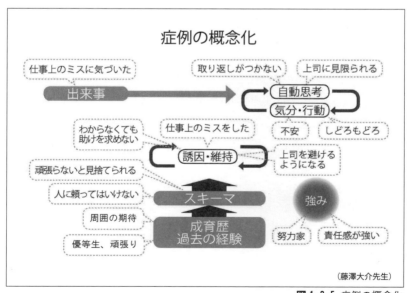

図 1-2-5 症例の概念化

保健・医療スタッフは、こうした理解をもとに治療計画を立て、面接を進めることになります。その理解と方針は相談者にも伝え、認知療法についてもわかりやすく説明して、一緒に全体の方向性を考えていくようにします。

　認知行動療法では、そうした患者情報とそれに基づく理解を概念化シートにまとめて書き込むようにします。51頁からの表は、一般的に用いられている概念化シートの記入のポイントを解説したもの（表1-2-1）と、実際の書き込み例（表1-2-2）です。"症例（事例）の概念化・定式化"については、SMN本書専用コーナーにアップした「【多職種向け】うつ病の認知療法・認知行動療法ワークショップ（2014年）」の中の「症例の概念化」の解説動画や、ライトJH他『認知行動療法トレーニングブック』（医学書院）の解説も参考にしてください。概念化シートはSMN本書専用コーナーからダウンロードできます。

　なお、概念化シートを埋めようとしてこれまでの経歴を詳しく聞こうとしすぎると、自然な会話ができなくなる可能性があります。そうしたことにならないように、田村法子氏と、『認知行動療法におけるレジリエンスと症例の概念化』を参考にして、相談者に事前に必要な情報を書き込んでもらう「概念化用補助的質問票」を作成してSMN本書専用コーナーにアップしましたのでご利用ください。

認知行動療法事例定式化ワークシート
(記入のポイント)

患者名： 　　　　　　　　　　　　　　　　　　　**日付：**

概念化に必要な最小限の情報を記載します。

診断／症状

DSM に基づいて診断を記入します。診断によって、概念化・治療計画が、変わってくるからです。問題となる症状や、評価尺度の点数の記述も役立ちます。

形成期の影響（生育歴）

- 成育歴の概要と患者の特性に影響を与えている背景・状況・出来事（家庭環境、大きなライフイベントなど）を中心に記述します。
- 患者さんの人となりを理解することが目的ですので、詳細な記述は必要ありません。

状況的な問題（現病歴）

以下の項目を記述します。
① いつ、どういうきっかけで今回の症状がはじまったか
② その後の経過はどうであったか、経過に関する状況的な問題に何があるか
③ 今回はいつ病院を受診したか、どういう経緯で認知療法・認知行動療法を受けることになったのか
④ 現在、どのようなことが問題になっているか、問題を持続させている要因には何があるか

生物学的、遺伝学的、および医学的要因

既往歴（精神的、身体的）、併存疾患、家族歴を記載します。

長所／強み

治療・回復に活かせそうな、患者さんの長所や強みを記載します。
支援体制（頼りになる人）なども含みます。

治療の目標（問題リスト、現在の困りごとリスト）

- 主に患者の視点で、問題になっている／困っている事柄、改善・解決できるとよい事柄を記述します。
- 大きな目標（例：復職する）と、そのための小さな目標（例：生活リズムを整える）の両方を意識して検討するとよいでしょう。
- 治療技法上の方略は、最後の「治療計画の欄」に記載します。

出来事①	出来事②	出来事③
自動思考		自動思考
	病歴聴取の中で語られた、ストレスフルな出来事と、それに対する患者の反応（思考・情動・行動）をいくつか記入します。認知行動モデルを考えるときは、出来事が「時間のスライス」になっているかを意識しましょう。	
情動		情動
行動	行動	行動

スキーマ（中核信念および条件信念）
「形成期の影響」や「最近の出来事への認知・情動・行動パターン（前項）」などを踏まえて、スキーマの仮説を立てます。

作業仮説（認知行動モデルに則った作業仮説）
症状の背景要因や問題、治療目標、強みなど患者を全人的に理解したうえで、認知行動療法モデルを考慮に入れた全体的な患者像を記入します。
簡潔でわかりやすい申し送りのイメージで記入します。

治療計画
患者の抱える問題・治療目標を踏まえて、認知行動療法的アプローチを記載するだけでなく、薬物療法や環境調整などを含めた、包括的な治療方針を書きます。発達歴、治療関係等も考慮します。

表 1-2-1 認知行動療法事例定式化ワークシート（記入のポイント）

認知行動療法事例定式化ワークシート
（記入例）

患者名：Aさん（28歳女性）	日付：2008/11/1

診断／症状
大うつ病性障害、GAF54
憂うつ、眠れない、集中力がない、悲観的、引きこもりがち、動悸

形成期の影響（生育歴）
　A県生まれ。両親と妹、弟。祖父母健在。商売をしている父親は、男の子を望んでいた。長女である本人が生まれてガッカリした面はあるが、小さい頃から優秀であったことから期待が大きかった。両親の期待通りに勉強に励み、地元の高校を優秀な成績で卒業して国立大学へ進学。成績はよく、友人関係もとくに問題はなかった。大学卒業後、電機メーカーに総合職として就職。現在まで数回異動があったが、とくに問題なく働いてきた。就職して3年目から一人暮らしをしている。

状況的な問題（現病歴）
新しい部署に異動になり、慣れない仕事でミスが重なったことをきっかけに、異動して2カ月目に抑うつ性症状が発現した。その後、仕事量も多く、作業効率も落ちていることから残業が増えているが、上司と仕事内容について会話する機会をもてないまま現在に至っている。

生物学的、遺伝学的、および医学的要因
なし

長所／強み
まじめで根気強い、責任感がある、友人が多い

治療の目標（問題リスト、現在の困りごとリスト）
大目標：抑うつ気分の改善、職場・プライベートでの機能の回復
小目標：集中力の改善、不眠の改善

出来事①	出来事②	出来事③
今日も仕事が終わらず、残業になってしまった	昨夜は早く寝たのに疲れがとれない	大学時代の友人とランチに出かけて仕事の話になった
自動思考	**自動思考**	**自動思考**
任された仕事もできない自分はダメだ	自分はまた仕事に支障をきたしてしまう自分は社会人失格だ	大変でもみんなはちゃんとやっている。なのに自分はできていない
情動	**情動**	**情動**
落ち込み、悲しみ	焦り、落ち込み	うらやましい、落胆、悲しい
行動	**行動**	**行動**
溜息をつきながら、夜遅くまで残業	布団のなかでぐずぐずと時間を過ごす	元気なふりをする

スキーマ（中核信念および条件信念）
何でも完璧に仕上げなくてはならない。人の期待に応えないといけない。
弱音を吐いてはいけない。

作業仮説（認知行動モデルに則った作業仮説）
新しい環境になってまだ2カ月。未経験の仕事であるにもかかわらず、責任感が強く、周囲の期待に応えたいという気持ちが強いために、経験の少ない仕事であるにもかかわらず、自分ひとりで解決しないといけないと考えている。そのため周囲と相談の機会を持てずに孤立感が強まり、処理できない仕事が溜まって自信をなくし抑うつ的になって、ますます孤立してきている。

治療計画
①抗うつ薬による薬物療法を行う。必要に応じて睡眠薬を使用する。
②仕事について上司に相談する。必要があれば休務を検討する。
③上司や仲間に相談できるようにコミュニケーションスキルを高める。
④両親や友人と交流するなど、行動活性化を用いて健康活動を増やす。
⑤認知再構成法を用いて自己否定的な思考を修正する。

表 1-2-2 認知行動療法事例定式化ワークシート（記入例）

症例（事例）の概念化・定式化の実際

ここでは、"症例（事例）の概念化・定式化"の内容について、『精神医療・診断の手引き―DSM-III はなぜ作られ、DSM-5 はなぜ批判されたか』（大野裕、金剛出版）をもとに解説していきます。

a) 主訴の聴き取りと症状診断

高ストレス者と面談するときには、苦しい気持ちに共感しながら症状を聴き取り、診療録に精神症状に苦しむ人の言葉で書き込むようにします。精神症状に苦しむ人の言葉には様々な思いが詰まっています。精神症状に苦しむ人が自分の症状を自分の言葉で伝え、それを保健・医療スタッフがきちんと受け止めることは、安定した支援関係を築き上げていくためにも重要です。

b) 発症と経過の評価

ストレス症状がいつどのような状況で発症したかということと同時に、症状がどのように変化してきているかを聴き取ります。その際には、発症の契機や誘因に加えて、症状を持続させている活性化要因についても検討するようにします。

発症の誘因には、人間関係の破綻や別離、夫婦間の葛藤、仕事の失敗、失業、重篤な一般身体疾患の発症など、複数の誘因が存在しているのが一般的です。誘因が認められない場合には、誘因がはっきりしないことを書き残すようにします。

また、同じストレッサーでも、人によって感じ方が違います。ですから、支援の方針を立てるためには、ストレス症状に苦しむ人が、

どのような理由で、どのような経過をたどって発症するまでに至ったかを丁寧に考えるようにします。

活性化要因は、配偶者との口論や仕事のプレッシャー、不安症状を再発させる誘因への暴露といった出来事など、症状を持続させたり、悪化させたり、生活の支障を引き起こしたりしていると考えられる要因です。

c) 発達歴・家族歴の評価

これまでの発達過程での体験やその特徴、それによって生じた影響について評価します。その際も、漫然と経過を聴くのではなく、発達上の出来事がどのように精神疾患の発症や性格形成に関与しているかを考えながら、それを理解するのに役立つ出来事や、特徴的な人間関係を中心に聴いていくようにします。過去の精神疾患の有無についても確認し、既往(きおう)がある場合には発症の要因や治療、経過について丁寧に聴くようにします。

発達歴について聴くのは、そうした発達過程で発症の要因が形成された可能性を想定しているだけでなく、そうした出来事や人間関係からストレス症状に苦しむ人の特徴や解決すべき課題が見えてくる可能性があるからです。もし、症状の形成に関連するような出来事がない場合には、そのことを書いておくようにします。

家族についても、精神疾患の既往はもちろんのこと、個々の家族の性格傾向や家族内の人間関係について尋ねるようにします。家族内の人間関係から、精神症状に苦しむ人の人間関係の特徴が明らかになったり、精神症状に苦しむ人の精神面への影響が明らかになったりすることがあります。

ただ、発達歴や家族歴を聴く場合には、それをそのまま現実と思

い込まないようにする必要があります。私たちが過去を振り返るとき、どのようなことを思い出すかはそのときのこころの状態の影響を受けます。「記憶は嘘をつく」と言われますが、私たちの記憶はきわめてあやふやです。ですから、ある人が過去や他の人について話すとき、それはその人なりの思いが込められた過去や人間関係であることを忘れないようにしてください。

d) 長所／強みの評価

　ストレス症状に苦しむ人の長所や強みについて評価し、それを支援にいかしていくようにします。一般に、保健・医療スタッフもストレス症状に苦しんでいる人も、問題を見つけ出すのは上手ですが、適切に対処できているところに気づくのは苦手なものです。そうすると問題点や悩みにばかり目が向いてしまい、悩んでいる人が持っている力をいかせなくなります。

　私たちは誰しも、問題だけでなくよい面ももっています。たとえば、肉体的に健康で運動が好きだ、仕事をする能力が高い、まじめで根気強い、人間関係に秀(ひい)でている、まわりからの支えがある、経済的に恵まれているなどです。こうした強みについても評価するようにしてください。こうした強みやレジリエンスは、治療や支援でとても重要な働きをします。

　ストレス症状に苦しむ人のプラスの面にも目を向ける治療者の姿勢は、相談者のロールモデルにもなります。ストレス症状に苦しんでいる人が、自分の問題やマイナス面ばかりに目を向ける視野狭(きょう)窄(さく)状態から抜け出して、自分のよい面と改善すべき面に冷静に目を向けることができるようになることは、ストレスから抜け出す第一歩になります。

第1部　認知行動療法の基本を理解する

このプロセスを通して、悩んでいる人がこれまで工夫してきたことなどから、その人が持っている力に気づいてもらえるようにすることはとても大切です。ただ、自分に対して否定的になっている人によい面を強調しすぎると、相談者が、自分のつらさをわかってもらえていないと考えてさらに悲観的になる可能性もあります。

　ですから、保健・医療スタッフは、押しつけになっていないかどうかに配慮しながら、悩んでいる人が、自分の良い面に気づいていけるように話を進めていくようにします。そうすることで、相談者との人間関係が安定し、その人のレジリエンスが高まってきて、それらが複合的に支援活動に好ましい影響を及ぼしてきます。

e）支援目標の設定

　支援をしていくためには、相談者と一緒に問題を整理して問題リストを作り、面接の目標を設定します。問題リストには精神的／身体的症状、および対人関係、仕事、医学的、財政、住居、法律、余暇に関連した問題が含まれ、抑うつ気分を改善すること、職場や家庭での活動レベルを快復すること、自分の気持ちを上司に伝えるなどコミュニケーションスキルを育てること、自己評価を高めること、などが目標になります。

　目標は、全般的目標（長い目で見た大目標）と具体的目標（近い小目標）にわけて考えるようにします。全般的目標というのは長い目で見た大まかな達成目標で、具体的目標というのは実現可能で目に見える変化があり測定が可能である具体的で小さな目標です。

　目標設定は、①その目標が重要か（将来につながるものであるか）、②自分でコントロールできる変化であるか（昇進や配置転換、相手が暴力をなくすなど、他人が決めるものではない）、③具体的で現

実的か（「不安を二度と感じない」などという達成困難な極端な目標ではない）という3つのポイントを意識しながら行います。

英語では、目標設定のコツをSpecific（特異的）、Measurable（測定可能）、Achievable（達成可能）、Realistic（現実的）、Time limited（期間限定）の頭文字をとってSMARTと表現することがあります。

f) 作業仮説の検討

具体的な支援計画を立てる前に、発症と経過の評価や心理的なスキーマなどにもとづいてストレス症状に苦しむ人の人となりを理解し、問題解決につながる作業仮説を検討していきます。

生育歴や発症の誘因、症状の維持要因、スキーマや相談者の強みなどから、面接計画に結びつくような形で、面接目標とした課題の達成を妨げている認知や行動の問題を含む相談者の全体像を簡潔に描き出すようにします。

g) 支援治療計画の策定

ここでは、それまでに収集した①問題リスト（精神的／身体的症状、および対人関係、仕事、医学的、財政、住居、法的、余暇、などの問題）、②ストレス症状に苦しむ人の発達歴、③ストレス症状に苦しむ人と一緒に作成した支援目標、④保健・医療スタッフの作業仮説、④支援関係、といった情報をもとに、精神療法、薬物療法、環境調整、など精神医学的アプローチの3本柱に基づいて、具体的な支援計画を具体的に作成します。

そのとき、同時に、支援の阻害要因やそれに対する対処法についても検討しておくとよいでしょう。

認知行動療法的面接の基本構造

　認知行動療法の1回の面接は、「導入パート」「相談・対処パート」「終結パート」の3つに分けることができます。45分の面接を行う場合を例に挙げて、それぞれのパートに使う時間と、取り上げる内容を簡単に図にしました（図1-3-1、1-3-2）。

　導入パートでは、気分をチェックして前回のセッションのポイントと前回のセッション以降の生活の中で起きた重要な出来事、そしてホームワークを振り返ります。ここでは個々の話に深入りしないようにして、セッションで話し合うと役に立つ現実の具体的な問題、

```
セッションの3パート

1. チェック・イン（気分・前回・生活）      5分
2. ホームワークを振り返る                  〜
3. アジェンダ（取り扱う課題）を設定する   (10分)

4. アジェンダについて話し合う             30分

5. ホームワークを決める                    5分
6. セッションをまとめ、フィードバックを求める  〜
                                         (10分)
```

図1-3-1　セッションの3パート

つまりアジェンダ（議題）を設定します。アジェンダはスキルではなく、患者が解決しなくてはならない心理的課題に関連した具体的な現実の問題です。45分の面接の場合、ここまでを5分以内、遅くても10分以内に行います。

　相談・対処パートでは、患者の心理的課題に関連した認知または行動に焦点を当てながら、アジェンダ（現実の問題）に対処するのに適したスキルを柔軟に選択し、患者が問題に取り組むのを手助けして、そこで使ったスキルについて簡単に説明（心理教育）をします。

　最後の終結パートでは、5分から10分を使ってセッション全体を振り返り、話し合った内容に関連したホームワークを決め、セッション全体に対して患者からフィードバックを得ます。

　ちなみに、定型的認知行動療法の1回の面接時間は一般的に45分ないしは50分です。しかし、簡易型認知行動療法では、問題が大きくない場合や相談時間が限られている場合、相談者にそのことを伝えて短時間で面接を終えることも可能です。

　ここからは、各パートを詳しく見ていきましょう。

a.　導入パート（5分、長くても10分）

　45分の面接の場合、導入部に使う時間は5分、長くても10分です。そこではまず、現在の気分のレベルを尋ねます。一般的には、最悪の気分を0、健康時の気分を10として、その中のどのくらいに位置するかをチェックします。QIDSやベックうつ病尺度（BDI）などの質問票を使うこともあります。

　次に、2度目以降の面接であれば、前回取り上げた問題や気づいたこと、利用したスキルについて簡単に振り返ります。このように

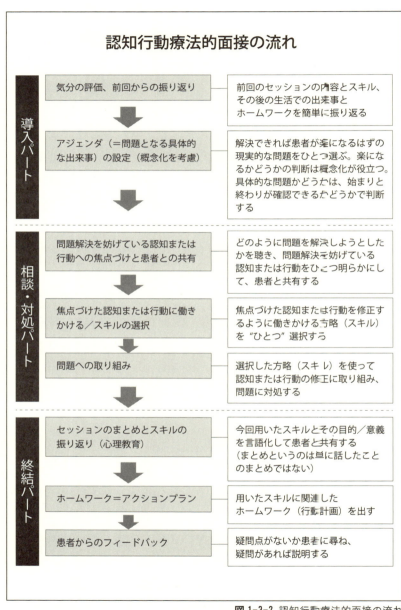

図 1-3-2 認知行動療法的面接の流れ

前回の面接を振り返ることで、個々の面接につながりができて、面接の流れができてきます。続いて、前回のセッションからの生活の中で起きた問題や悩み、行動実験をかねて行ったホームワークの結果について話し合います。

　導入パートで重要と思える話題が出る場合もありますが、すぐに深入りすると、ほかの重要な問題や課題を見逃す可能性があります。ですから、アジェンダを設定するまでは、そのことをアジェンダにする可能性があることを伝えるだけで、個々の話題に深入りせず簡単に話を聴くだけにして、相談内容や生活全体を俯瞰することに注力しましょう。

　こうした話の中から、面接で取り組む問題を相談者と一緒に決めます。ここで選んだ問題を、認知行動療法では「アジェンダ」と呼びます。

　アジェンダを決めるときに「今回何を話し合いたいですか」と患者の希望を聞くスタッフがいますが、相談者は専門家に自分の希望を表現しにくいものです。ですからここでは、「今回、一緒に取り組むと役に立つ問題は何でしょうか」と協働作業に向けた意味を含んだ声かけを行うようにします。

　アジェンダというのは解決しなくてはならない問題を含んだ具体的な出来事です。具体的かどうかは、始まりと終わりがきちんとあるかどうかで判断します。「アジェンダを決めましょう」と言って、「じゃあ、今日は認知再構成法をしましょう」「コラムを使いましょう」「今日は問題解決しましょう」というふうに、スキルをアジェンダとして選択してしまうことがありますが、これは正しくありません。

　アジェンダは、概念化を考慮に入れながら決めていきますが、その際、相談者の悩みや生きづらさと密接に関連したスキーマ＝私た

ち皆がそれぞれに持っている個人的な信念や強い思いに注目すると よいでしょう。

　スキーマには、ネガティブなものもあれば、ポジティブなものも ありますが、悩みや生きづらさに影響するのは、一般にネガティブ なスキーマです。そして、私たちは自分固有のスキーマの影響を受 けながら生活の中で起きた出来事を判断しています。その結果、現 実的な問題に出合ったときにスキーマに関連した「自動思考」が瞬 間的に浮かんできて、問題解決をあきらめ現実を回避する行動が生 まれてきます。

　たとえば、「自分は無力だ」というスキーマからは、「自分にはど うすることもできない」という自動思考が生まれやすくなりますし、「自 分は誰からも好かれない」「人間は冷たい存在だ」「世の中は危険な ことばかりだ」といったスキーマからは、それぞれ「あの人は私の ことを嫌いなんだ」「自分の気持ちなんか誰もわかってくれない」「き っと大変なことになるに違いない」といった自動思考が生まれてき やすくなります。

　認知行動療法的アプローチでは、このように問題解決を妨げてい る認知や行動に焦点を当てて、それを修正するスキルを選んで、問 題解決につながる工夫ができるようなこころの力を育てていくよう にします。ただ、本書で対象としている相談者の場合には、スキー マの修正まで必要になることは少ないので、スキーマの特徴を知っ て、それが極端にマイナスに働きすぎないように手助けしていくよ うにします。

　さて、このようにアジェンダを決めることによって、相談者が問 題に出会ったときの基本的な問題対処法について話し合っていける ようになります。相談者はいくつもの問題を話し合いたいと考えて

いて、課題を絞ることに抵抗感を持つことがありますが、いくつもの問題を一度に処理することは難しく、かえって混乱することが多くなります。

　保健・医療スタッフは、そうしたことを簡単に説明し、効果的に問題を解決するためには、問題を一つひとつ丁寧に解決していくことが大切だということを伝えましょう。

　また、問題の解決法は共通していることが多いので、ひとつの問題に取り組んで解決のコツをつかむと、他の問題にも応用可能だと説明することもできます。一回の診療で話しきれないときには、引き続き次の回にも話し合うことを提案してもよいでしょう。

　アジェンダは、相談者と一緒に決めますが、①相談者が自ら命を絶つことを考えている場合、②保健・医療スタッフへの不信感が強いなど関係が不安定な場合、③相談者が生活上の大きな問題を抱えている場合には、それを優先的にアジェンダにします。

　こうした問題は、相談者が口にしにくいものですし、保健・医療スタッフも取り上げるのをためらいがちになります。しかし、そのまにしておくと、相談者は「自分にはどうすることもできない」と絶望的になったり、「誰も助けてくれない」と強い不信感を抱いたりするようになります。一方、保健・医療スタッフも、「自分の力では助けることができない」「何をしても聞いてくれないだろう」と考え、無力感を覚えて、問題解決から遠ざかっていくようになります。

　ですから、こうした大きい問題があるときこそ、保健・医療スタッフは共感を示しながら、問題解決に向かうのを邪魔している認知や行動の修正を図りながら問題に対処できるように手助けしていく専門家としての姿勢をしっかりと保つようにしてください。表1-3-1にアジェンダ設定のポイントをまとめましたので、参考にし

アジェンダ設定のポイント

(1) 気分のレベル、前回の面接のポイントと生活、ホームワークの振り返りをしながらアジェンダを設定する

(2) 相談者の主体性を尊重しながらアジェンダ設定ができている

(3) アジェンダが具体的である

(4) その後、アジェンダに沿って話ができている

(5) アジェンダ設定が概念化に沿っている

表 1-3-1 アジェンダ設定のポイント

てください。

　図1-3-3は、対処する問題（アジェンダ）を決めた後の面談の流れを示したものです。保健・医療スタッフは相談者と一緒に、いま悩んでいる具体的な問題をアジェンダとして具体的に決めた後、相談者の気持ちに共感しながら、相談者がその問題に対処するために行った工夫について尋ね、それがどのような意味があるかについて認知行動療法の視点から説明します。

　たとえば、相談者が自分の考えに目を向けて自然に認知再構成法を行っていたときには、そうした対応が自然にできたことを評価しながら、認知再構成法のエッセンスを伝えるようにします。

　そのうえで、解決しきれていない問題について尋ね、その問題を解決するのを妨げている認知や行動を明らかにして、その認知や行動を修正するのに適したスキルを選んで相談・対処パートに入っていきます。

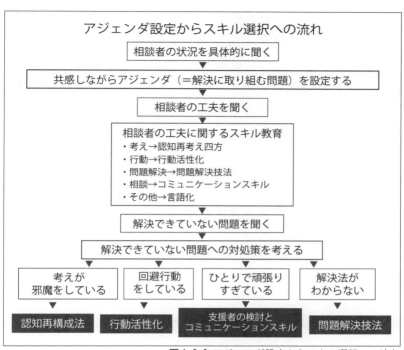

図 1-3-3 アジェンダ設定からスキル選択への流れ

b. 相談・対処パート

　相談・対処パートでは、約30分かけて、選択した認知行動スキルを使って焦点づけた認知または行動を修正することで、問題に対処できるように手助けしていきます。このときに、成果を早く上げようと焦りすぎて説得口調にならないように注意しましょう。人間の考えや行動は簡単には変わりません。面接の中で相談者が腑に落ちない場合には、後述するホームワークを活用しながら、相談者が実生活のなかで体験を通して気づきを深めていけるように手助けするようにします。相談・対処パートの流れは次のようになります。

第 1 部　認知行動療法の基本を理解する

① 焦点を当てる認知／行動を同定し相談者と共有します
　どのように問題を解決しようとしたかを聴き、相談者の工夫を生かせる場合には、問題解決を妨げている認知または行動をひとつ明らかにして、相談者と共有します。この作業は、アジェンダ設定と並行して行いますが、問題解決を妨げている認知または行動を相談者と共有できると、その後の作業がスムーズに進むようになります。
② 具体的な認知行動スキルをひとつ選択します
　焦点を当てた認知または行動を修正するのに最も適切な認知行動スキルを"ひとつ"選択します。認知行動スキルを選択する基本的な流れは、図1-3-4に示してあります。

　うつ状態は「こころの冬眠」とたとえられることがあります。私たちは落ち込んだり不安になったりしたときには、それ以上傷つきたくないと考えて自分の世界に閉じこもるようになるからです。そうすると、達成感や楽しみを覚えられなくなり、自信を失い、ますますこころの元気がなくなっていきます。
　こうした考え（認知）や行動はほとんど意識されないために悩みの悪循環に陥ることになるのですが、認知行動療法では、そうした考えや行動を振り返りながら次につながる工夫ができるように修正していきます。

　一般に、抑うつ症状が強いときには落ち着いて考えることができないので、行動活性化や問題解決技法などの行動的色彩の強いスキルを使います。そして、相談者が落ち着いて自分の考えを振り返ることができるようになってから、認知再構成法などの認知的色彩の

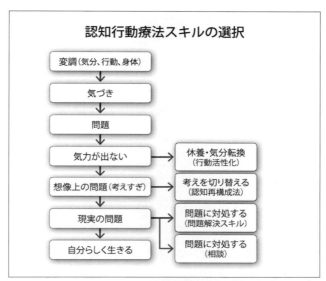

図 1-3-4 認知行動療法スキルの選択
出典：『マンガでわかりやすいうつ病の認知行動療法』(きずな出版)

強いスキルを使うようにします。

　認知行動療法は、問題解決志向的アプローチですが、そのときに現実の問題とこころの中で作られた問題を切り分けると対処法を見つけやすくなります。現実の問題がはっきりしているのであれば、考えに注目するのでなく、その問題を具体的に解決するスキルが役に立ちます。その中で、考えすぎのところがあれば、それに対しては考え方を整理するスキルが役に立ちます。

　強圧的な上司に困っているときに、「上司の性格は変わらないから、自分にはどうすることもできない」と考えたとします。

　「上司の性格は変わらない」というのは事実です。しかし、「どうすることもできない」かどうかは、解決策を講じて確かめてみないとわかりません。つまり、「どうすることもできない」という考え

についてば、その考えを現実的な方向に切り替えられるように、認知再構成法を用いて手助けする必要があります。

　一方的な上司にどのように対応するかは、問題解決スキルやコミュニケーションスキルを用いて問題解決を図ることが役に立ちます。他の上司に相談したり、仲間と話し合ったり、人事に相談したりするなど、相談者が具体的に対応策を考えていけるように手助けしていくのです。

　気持ちが非常に動揺して問題に目が向いていない場合には、まず気持ちが落ち着くように心理的に寄り添って、その人の気持ちが落ち着いたところで、一緒に問題に目を向けていくようにします。

　認知行動療法では、治療者が心理的に寄り添いながら、一緒に現実に目を向け、相談者が気づきを深めていけるように手助けをします。心理的に寄り添うためには、共感的な姿勢が大切です。認知行動療法というと"考え"にばかり目を向けようとする人がいますが、まず心理的に寄り添うことが何よりも大事です。心理的に気持ちに寄り添えてもらえていると実感できていなければ、悩んでいる人は一緒に現実に目を向けていこうという気持ちになることができません。

　相談者が現実に目を向けて気づきを深めていくためには、相談者本人が考え、体験し、気づいていけるようにしなくてはなりません。こうした気づきを導き出す関係が「協働的経験主義」です。相談者が、治療者と一緒に、経験を通して気づきを深めていくという意味です。

　認知の修正は、こうした経験の中から生まれてきます。頭の中だけで考えを切り替えようとしても、簡単にできるものではありません。行動を通して経験して気づきが生まれ、考えが修正されてきま

す。だから、面接で話し合ったことを日常生活に持ち帰って確認するホームワークが大事になるのです。認知行動療法は、考えを切り替えるように治療者が一方的に教え指導する面接法ではありません。

　主要な認知行動療法のスキルについては次章で解説しますが、こうしたスキルを心理教育用に簡単に説明したリーフレットがSMN本書専用コーナーからダウンロードできますのでご利用ください。

c.　終結パート
　面接の最後に10分前後かけて、今回のセッションで身についたことや気づいたことをまとめ、ホームワークを決め、面接に対する相談者の考えや疑問を尋ね、面接を終了します。45分の面接の場合、30分を過ぎたら、まとめを意識するようにしてください。

　30分を過ぎてからは、新しい話題に入らないようにします。30分を過ぎてから重要な課題が出てきたときには、少しだけ話してホームワークに組み込むか、次回に話し合うことにするかにするとよいでしょう。

　終結セクションの流れは以下のようになります。

(1)　相談者からのフィードバックをもとにセッションをまとめ、
　　心理教育を行います
　「今回のセッションで気づいたことや生活の中で役立てそうなことがありますか」と尋ねて、相談者の気づきに耳を傾けながら簡単に今回の面接内容をまとめ、その中で使った認知行動スキルと目的／意義を言葉にして相談者と共有します。

　まとめというのは、単に話したことのまとめではありません。今回の面接でどのような問題を取り上げ、その問題を解決するために

どのようなスキルを使い、それがどのように役立ち、それにどのような意味があったかなど、重要なポイントを相談者と一緒に簡潔に言葉でまとめることです。

　認知行動療法ではこのようにして面接の中で心理教育を行うのですが、そのとき、一方的に説明するのではなく、このように体験を言葉にすると頭に残りやすくなり、学習効果が高まります。また、面接の中で学習したことを実際の生活の中で実践し確認することができれば、さらに学習効果は高まります。認知行動療法では、これをホームワークと呼んで重視しています。面接で一回話し合っただけで納得できることは少なく、ホームワークとして体験を通して確認する作業が大きな意味を持っています。

(2) ホームワーク＝行動計画 action plan を出しましょう

　面接で取り上げた認知行動スキルや考え方に関連したホームワーク（行動計画）を出します。ホームワークの振り返りはまず、今回の面接に対する相談者の考えや感想を聞くところから行うようにします。ホームワークの設定も、認知行動療法という治療の視点から、セッションの内容を踏まえて行います。

　ホームワークは原則としてセッションの最後に出します。複数の問題を取り扱ったときには、それぞれの問題への取り組みが終わったときにホームワークを出して、ノートに記録しておくように勧めます。アーロン・ベックは、ホームワークは認知行動療法で中核的な役割を果たすと言っていますが、それは、ホームワークが各回の面接と面接を結ぶ自己治療的意味があるからです。また、ホームワークを通して、面接の中で気づいたことや使った認知行動療法スキルを日常生活でいかすことができるようになるからでもあります。

ホームワークは、その回の面接で相談者が気づいたことを実生活のなかで行動実験的に試行して結果を確認したり、セッション中に使ったスキルを練習したりするためのものです。そうすれば、セッション間のつながりが生まれてきて、相談者が肌を通して気づきを深め問題対処能力を高めていくことができるようになります。それを可能にするためには、行動計画（アクションプラン）を丁寧に立てて実践する必要があります。

　誤解されやすいのですが、ホームワークは、学校の宿題のドリルのように、活動記録表やコラムなどの事前に決めた課題を繰り返し練習させるものではありません。ですから、機械的に活動記録表やコラムをホームワークとするのは間違いですし、結局は実践されないまま終わってしまいます。

　ホームワークを出すときには、それが相談者にとってどのような意義があるかを、相談者と共有するようにします。この意義のことを専門的には理論的根拠（rationale）と呼びますが、それがわかっていれば相談者がホームワークに取り組もうという意欲が高まります。逆に言えば、出されたホームワークの意義がわかっていないと、相談者はホームワークをしようという気持ちになれず、ホームワークの実施率が大きく下がります。

　ホームワークを決めた後は、それをいつ、どこで、どのくらいの頻度、どのくらいの時間をかけて行うかを決めます。そのとき、実施できる可能性が高いホームワークを選ぶことが大切で、実施できる自信がどの程度あるかを相談者に尋ねるようにします。その結果、80～90％以上の可能性がある場合にはそのまま実施してもらいますし、それ以下の場合には、より簡単なものに変えるなど、実施可能性を高める手立てを相談者と一緒に考えるようにします。

> ### ホームワークのポイント
>
> （1）セッションで取り扱った事項に関連している
>
> （2）その意義を相談者が十分に理解している
>
> （3）ほぼ実施可能な課題にする
>
> （4）次回の面接で取り上げる

表1-3-2 ホームワークのポイント

　次回の面接では、必ずホームワークを話題にするようにしましょう。そうすることで、保健・医療スタッフがホームワークを重視していることを相談者に伝えることができますし、相談者はホームワークで気づいたことを振り返り、自分に役に立つ形でまとめることができます（表1-3-2）。

(3) 相談者の疑問点を面接の最後に聞くようにします
　最後に、面接で気になったことや疑問に思ったことがないかどうかを相談者に尋ね、疑問があれば簡単に説明して面接を終了します。

　ここまで、導入パート、相談・対処パート、集結パートに分けて認知行動療法の面接の構造について説明してきました。厚生労働省の認知行動療法研修事業で、こうした構造を守りながら適切な対応ができているかどうかを振り返る目的で作った「橋渡しシート」とその記入のポイントの資料をSMN本書専用コーナーにアップしましたので活用してください。

第4章　主要な認知行動療法のスキル

　認知行動療法の技法には、おもに行動面に働きかけるものとして、行動活性化、週間活動記録表への記入、活動計画の設定、問題の整理と問題解決技法、行動実験、段階的課題設定、暴露、運動、休養、リラックス法、マインドフルネス、アサーションやスキルズトレーニングなどのコミュニケーションスキルの習得などがあり、おもに認知に働きかける技法には、認知再構成法や根拠・反証の検証、事実を積み重ねて判断するのを助ける帰納的質問、適応的思考の案出、責任の所在を再検討する再帰属、利益不利益比較などがあります。しかし、行動と認知を明確に区別するのは難しく、行動実験を行えば自然に気づきが深まり認知も修正されてきます。

　こうした理解に立ったうえで、本章では、行動活性化や認知再構成法、問題解決技法、コミュニケーションスキルなどの主要なスキルについて解説していきます。

行動活性化

・「外から内へ」の発想でこころを活性化する

　私たちは、気分が落ち込んだり不安になったりしているときに意識しないまま自分がつらくなるような行動をしているものです。行動活性化は、そうした行動パターンに気づいて、うつ的行動や不安行動をやりがいや喜びを感じられる行動に置き換えていってこころ

を元気にしていくスキルです。これは、日常的な言葉でいえば、気分転換とか気晴らしといったストレス対処法に通じるスキルとも言えます。

　行動活性化は、「内から外へ」という考え方にかえて、「外から内へ」の考え方を用いるアプローチです。"内"と"外"というのは、それぞれ"こころ"と"体"を意味しています。つまり、「内から外へ」というのは、こころが元気だから体が動くし笑顔も生まれるという考え方です。一方、「外から内へ」というのは、体を動かしたり笑顔になったりすると、自然にこころが元気になってくるという考え方です。

　私たちは一般的に「内から外へ」の発想になりがちです。それもあって、気分が沈み込んでくると、何もする気になれないと考えて自分の世界に閉じこもるようになってきます。そのような人たちは、「元気があれば何でもできるんですが、元気がないから何もできないんです」と言います。

　たしかに、元気があれば活動的になっていろいろなことができる可能性は高くなります。しかし、元気がないからといってただ待っていても、元気は出てきません。元気や意欲というのは、待っているだけでは出てこないのです。

　私たちが、何かをしたいと考えるのは、そのことをして楽しかったからです。あることをして"やりがい"を感じたら、少しつらくても頑張ってみたいと考えるのです。このように、私たちの意欲ややる気は、何かを体験することによってはじめて生まれてきます。ですから、やる気が出てこないときには、まず行動をしてみて、その体験を通してやる気を引き出すようにします。これが、行動活性化の背景にある「外から内へ」の発想です。

・行動活性化の基本概念：TRAPからTRACへ

　図は、行動活性化の基本概念を示したものです（図1-4-1）。私たちは、落ち込んでいるときには現実を回避するようになります。こころの冬眠状態です。厳しい現実から退避することで自分の身を守ろうとしているのです。そうした行動パターンを行動活性化では、誘因（Trigger）、反応（Response）、回避行動パターン（Avoidance pattern）の頭文字を取って「TRAP」と呼びます。TRAPというのは罠という意味で、こうしたときには、まさにこころが罠にかかってうまく働けなくなっています。

　仕事や勉強で失敗したという誘因（Trigger）があったときに、落ち込むという反応（Response）が生まれ、引きこもるという行動、つまり回避行動パターン（Avoidance pattern）が現れます。そのようにして現実から目を逸らすと、一時的に気持ちは楽になるかも

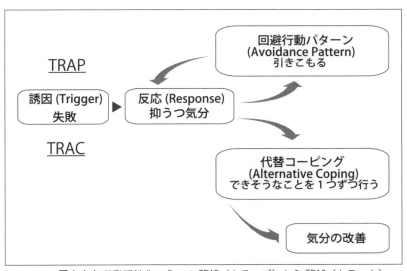

図1-4-1　行動活性化：うつのTRAP（トラップ）からTRAC（トラック）へ

しれませんが、結局は仕事が進まず状況が悪化して気分が落ち込むという悪循環に陥ることになります。この状態がTRAPです。

　気持ちが落ち込んでいるときに、体を休めようと考えて横になっていることがあります。アルコールやネットに逃げ込むこともあります。こうした活動をすれば一時的に気持ちが楽になるからです。しかし、楽になった状態がずっと続くかというと、必ずしもそうではありません。

　何もしないでいると悩みが次々に頭に浮かんで苦しくなってきます。仕事や勉強など、しないといけないことが進まず、「何もできていない」と自分を責めてつらくなってきます。結局、何もできずに終わり、「やっぱりダメだった」と考えるようになります。自分にとって意味のある行動をしないことで、「ダメだ」という認知が強化されてしまうのです。回避行動は、一時的には気持ちが楽になるかもしれませんが、現実逃避をしているに過ぎません。

　こうしたときに、スモールステップで可能な範囲から少しずつ仕事や勉強に取り組んでいって成功体験を積み重ねることができれば、それが自信になって抑うつ症状が軽くなってきます。回避行動パターンに変わる行動（代替コーピングAlternative Coping）を取ったことで気持ちが軽くなるのですが、これを行動活性化では、誘因（Trigger）、反応（Response）、代替コーピングAlternative Copingの頭文字を取って「TRAC」と呼びます。このように、罠に落ちたTRAPの状態から、本来の道である健康的なTRACに戻れるように手助けするアプローチが行動活性化です。

　もちろん、何でもいいから楽しいことをやれば良いというわけではありません。行動活性化は行動を通してこころを活性化させるアプローチで、単に行動を活性化するアプローチではないのです。保

> ### 行動活性化の流れ
>
> 1) 最近の行動を振り返り、特定の行動をすることで気持ちが沈むこと、そして、気持ちが軽くなる行動があることに気づくように手助けします。
>
> 2) 日常活動記録表を使って、行動と気持ちの変化の関連を確認します。
>
> 3) 日常活動記録表から、やりがいや楽しみを感じる健康行動を見つけ出し、その行動を増やしていけるような計画を立てます。仮に、そうした健康行動を妨げる可能性があることがあれば、その障害を解消する手立てを考えます。
>
> 4) 実生活の中で、やりがいや楽しみを感じられる健康行動を試しに実行します。
>
> 5) 健康行動を実践できれば、それを増やしていくようにします。実践できなかったときには、何が問題であったかを検証し、その問題を解決する手立てを考えて、もう一度試してみます。

表 1-4-1 行動活性化の流れ

健・医療スタッフから「何か楽しいことをしましょう」「元気になることをしましょう」と言われても、落ち込んでいるときには何をして良いかわかりません。仮に何かをやろうと思ったとしても、「何もできていないのに、楽しいことをするなんて申し訳ない」と考えて実行に移すことができないこともあります。保健・医療スタッフの励ましが相談者を心理的に追い込んでしまうことになりかねません。そうした状況になるのを避けられるように、行動活性化の具体的な流れを表にまとめてみました（表1-4-1）。

・日常活動記録表：行動と気持ちの関係に気づく

　行動活性化では、まず相談者に自分の行動を振り返ってもらうようにします。特定の行動をすることで気持ちが沈み込んだり、逆に気持ちが軽くなったりすることに気づけるように手助けしていきます。意識していないところで行動と感情が連動していることに気づくと、行動を変えてみようという相談者のモチベーションが高まります。相談者が行動と気持ちの関係に気づいた後のセルフモニタリングには、日常活動記録表が役に立ちます（表1-4-2）。日常活動記録表に毎日の活動を記録して、その記録を振り返るようにしていきます。私たちはほとんど意識しないで行動をしています。ですから、このように行動と気分を書き出すことによって、どのような行動が自分を苦しめ、どのような行動が心を軽くしているかに気づけるようになります。行動の見える化です。

　日常活動記録表を記入するときには、活動した後、できるだけ早く記入するようにします。時間がたつと、その後の気持ちに引きずられて、行動をしたときに感じた気持ちが薄れてしまい、記入が不正確になるからです。

　活動の記録を細かく評価するのが難しい場合もあります。そうした場合には、気持ちが軽くなった活動を○、あまり気持ちが変わらなかった活動を△、つらくなった活動を×、という3段階で評価してもらってもよいでしょう。

　認知行動療法活用サイト「こころのスキルアップ・トレーニング（ここトレ）」では、気持ちが晴れたものを晴れ、気持ちが変わらない行動を曇り、とてもつらくなった行動を雨で書き込んで、あとで晴れの行動や曇りの行動をまとめて表示できるようにしてあり、その後の計画を立てやすくしています（図1-4-2）。

日常活動記録表

（例）Aさんの週間活動記録表（記録する気分：　　うつ　　）
各欄に「活動」を書き、その気分の程度を「点数」で書き込む（0〜100）

時間	月曜日		火曜日	水曜日
06:00〜07:00	起床・着替え	50		
07:00〜08:00	朝食	40		
08:00〜09:00	↑	40		
09:00〜10:00		40		
10:00〜11:00		40		
11:00〜12:00		40		
12:00〜13:00		50		
13:00〜14:00		50		
14:00〜15:00	上司と話す	40		
15:00〜16:00		50		
16:00〜17:00		60		
17:00〜18:00	↓	60		
18:00〜19:00	帰宅・夕食の準備	50		
19:00〜20:00	夕食	60		
20:00〜21:00	夫と会話	70		
21:00〜22:00	テレビ	70		
22:00〜23:00	入浴	70		
23:00〜24:00	就寝	60		
00:00〜01:00	睡眠			

表1-4-2 日常活動記録表
出典：『こころが晴れるノート』（創元社）

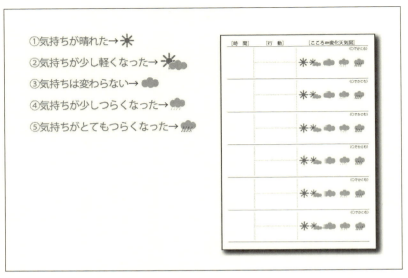

図 1-4-2 こころが晴れるコラム
「こころが晴れるコラム」(「こころのスキルアップ・トレーニング」サイト)

　活動記録表を使用するときには、相談者の負担にならないように配慮してください。活動を細かく書き出すことができない人の場合には、プラスにしてもマイナスにしても、気持ちが動いた活動だけを選び出して記入していくように助言するとよいでしょう。

・行動計画を立てる

　次に、振り返りの記録を参考にしながら、気持ちが楽になる行動が増えるように活動計画を立てていきます。そのときには、好ましくない行動を減らすか、長い目で見て役に立つ健康行動を増やすか、のふたつの方策があります。

　しかし、好ましくない行動を減らすのは大変です。何かをしないようにしようと考えると、ますますその行動を続けたくなるからです。そうしたときには、好ましくない行動を減らそうとするより、健康行動を増やす方が効果的です。私たちの活動量は毎日ほとんど決まっています。ですから、好ましい健康行動を増やせば、好ましくないうつ的行動は自然に減ってきます。

　そこで、毎日の生活を振り返った後、自分を苦しくさせている行動を、やりがいを感じてイキイキするような行動や楽しくてウキウキするような行動、つまり健康行動に置き換えていけるように手助けします。日常的にしないといけないことやどうしてもやらなければいけないことに加えて、楽しめる活動ややりがいのある活動、こころが軽くなる活動を少しずつ増やしていくようにするのです。そうすれば相談者の活動の幅が広がり、こころが軽くなってきます。笑顔になったり姿勢を正したり、表情や態度を変えるだけでも気持ちは変わってきます。このようにして、こころのやる気スイッチを入れます。

　しかも、行動して何かできると、「どうすることもできない」という否定的認知が修正されます。行動へのアプローチが認知の修正につながるのです。

　日常活動記録表を使ってセルフモニタリングをしてもこころが軽くなる行動を見つけられない場合には、行動リストを参考にして新

しい活動を見つけてもらってもよいでしょう（表1-4-3）。カフェで友だちとおしゃべりをしたり、趣味を楽しんだり、体を動かしたりする、気分転換のために映画を観たり、コンビニで本や漫画を買って読んだりする、少し息抜きをしてお茶やランチをする、などです。

　旅行に行くのが好きな人は、旅行に行くようにしてどうでしょうか。体力的に旅行するのが無理なときには、友達に電話をして旅行の話をするだけでもいいかもしれません。旅行のDVDを観てもいいでしょう。今までやってみて楽しかった行動や、やりがいを感じた行動、そこから何か活動が選べないか考えてもらってください。

　逆に何もしない行動で気持ちが楽になることもあります。ぼーっと空を眺めたり、お風呂にゆっくり入ったりすると気持ちが楽になることがあります。行動と言っても、体を動かすことだけではありません。仕事などに熱心になりすぎて肉体的にも精神的にも疲れているときには、積極的に休養する必要があります。その場合は、休養も健康行動と考えることができます。

　いままでやったことのない活動から、やってみたいものを選んでもらうというのも一つの方法です。暗い気分にそぐわない活動をしてもよいでしょう。たとえば自分が持っている一番明るい色の服を着るとか、鼻歌を歌うとか、そうした行動です。五感を刺激する活動も役に立ちます。触覚や味覚、さまざまな感覚を刺激するのです。ただその場合には、極端になって依存的にならないように注意をする必要があります。

　運動はこころを軽くするのに役に立ちます。散歩やジョギングをしてみる、ストレッチをする、有酸素運動や体を動かすことは気分転換になります。しかし、そうしたことをしても気持ちが晴れない場合、よく聞いてみると、体を動かしながら考えごとをしていたと

いままでやったことのある行動から選ぶ	
◆過去に気分が改善した行動を思い出してみましょう	
何かをする行動	・気分転換（漫画を読む、違った道を通る） ・息抜き（カフェに行く） ・買い物（洋服を買う） ・整理整頓（かばんの中を整理する） ・自分の家、部屋を飾る（花を生ける） ・先延ばしにしていたことを片付ける（メールに返事をする） ・手作業（手芸をする）、芸術（絵を描く） ・遊び（キャッチボールをする） ・生き物を飼う、育てる（植物の水やり）
何もしない行動	・何もしない（ぼーっと空を眺める） ・何か遊び心のあること（「〜が楽しかった」を言い合う） ・楽しい体験（ゆっくり風呂に入る、入浴剤を入れる、お香を焚く）
いままでやったことのない行動から選ぶ	
いままで やったことの ない行動	・暗い気分にそぐわない、実際にできそうなことをする （持っている一番明るい服を着る、鼻歌を歌う、スキップする） ・楽しそうな人を見つけて同じ行動をする （わざとにこにこする、子どもと鬼ごっこをする、カラオケに行く） ・自分にご馳走する（入ったことのないレストランを予約する）
五感を意識的に 使う行動 （とくに臭覚、 味覚、触覚）	・臭覚（香水を変える、海辺で潮の匂いを嗅ぐ） ・味覚（食べたことがない高いチョコレートを食べる） ・触覚（マッサージを受ける、クレヨンで絵を描く） ・聴覚（落語のCDを聴く、母に電話して声を聴く） ・視覚（昔の写真を眺める、流れ星を探す）

表 1-4-3 行動リスト

いったことがよくあります。それは考えごとをしていたのであって、運動をしていたということにはなりません。運動をするときには、運動に集中してもらってください。

　だからといって考えごとをしないようにしようとするのは、なかなか難しいものです。何かをしないようにしようとすると、逆にその考えが頭に浮かんできやすくなるからです。そうした場合には、周囲の景色を眺めたり、風の流れを感じたり、道端の草花などに注目したり、歩くペースを速めて体の変化に目を向けたりするなど、気持ちをそらすような活動が役に立ちます。

行動活性化は、何もしないであれこれ考えている「反すう」状態のときに使うこともできます。「反すう」状態のときには、問題について考えているようで、同じことを繰り返し考えていて問題の解決につながっていません。「反すう」状態かどうかの判断は、考えが新しい気づきにつながったり、問題解決の方向に進んだりしているかどうかで判断します。ですから、考え込んでいるときには、ちょっと立ち止まって、そのように考えることが役に立っているかどうかチェックするように勧めます。もし気づきや問題解決につながっていない場合には、体を動かすなど、他の活動に移るようにします。

・行動計画を実験的に実践する

　活動する場合に注意しないといけないのは、あまり難しいことをしようとしないということです。精神的に疲れているときには、元気なときのように活動することはできません。ですから、可能な範囲で計画を立てて、できることから少しずつ始めてもらうようにします。可能というのは、自分だけで完結する行動に限定するということです。たとえば、友だちと仲良くしたいと考え、友だちとお茶をする計画を立てたとします。しかしこの計画は、友だちの都合によって成功するかどうかが決まってきます。

　このように友だちの判断に左右される行動ではなく、自分の行動だけで成果が決まる、そうした行動を選んでもらってください。たとえば「友だちとお茶をする」ではなく、「友だちをお茶に誘う」という計画にすれば自分だけで実現可能なものになります。

　このときに、大きな活動を一気にするのではなく、活動をスモールステップに分けて少しずつ実践していく段階的課題設定などの認知行動スキルも役に立ちます。これは、まず復職や再就職などの明

確な目標を立てて、その目標を達成するために必要な行動を細かく分けて、簡単なものから並べて順番に実行していく方法です。家の掃除でも、机の上を片付けて、一つの部屋を片付けるなど、そうした段階を踏んだ方法で家の掃除をしていくようにします。

　最初は大変そうに見えるものでも、スモールステップで取り組むと意外に先に進めるものです。そうすると、相談者のこころの中に少しずつ自信が育ってきます。また、それによって、いくらかでもやりがいや楽しみを感じられると、脳の報酬系が刺激されて、次に向かって進もうとする意欲がわいてきます。そのときに、ちょっとしたことでもできたら自分を褒めるように勧めます。そうすることで、「何もできない自分」「ダメな私」という認知が変わり、認知と行動の好循環が生まれる可能性が出てきます。

　行動するときには、質より量を大切にしてください。「ある行動をすることで一気に気分が晴れるとよいな」と思いますが、そうした行動はそうたくさんはありません。むしろ、少しだけでも気持ちが軽くなったりやりがいを感じたりする行動を多く実践することの方が現実的ですし、それで十分効果が期待できるのです。

　行動する場合には、いつ、どの時間帯にできそうかということを考えてもらうことも大切です。活動をたくさん計画するよりも、無理のない予定を立てるようにします。また、あまり計画が細かくなりすぎてそれに縛られてしまわないように注意してください。

　このとき、できるかできないかという考えにとらわれないように伝えます。結果にこだわると、行動に移りづらくなるからです。行動活性化で行う活動は実験です。どの行動が役に立つ行動であるかは活動してみないとわかりません。

実験の場合、大切なのは成功か失敗かではなくデータを集めることだということも理解してもらいましょう。やること、やること、うまくいけば悩まないはずです。うまくいかないから悩んでいるのです。できないことを心配しすぎないように伝えてください。ここでは、できるかできないかが大事なのではありません。大事なのは情報を集めることです。

　実験では、事前の計画や準備が大切です。実験結果を評価する必要もあります。うまくいかなかったとしたら、何が良くなかったのか、予想が外れた部分を明らかにして次の計画にいかせるようにします。繰り返しになりますが、小さいことから少しずつ始めてもらうことが大切です。ハードルを高くして理想的な状態を基準に判断しないようにします。

　情報が集まってくれば、そこで何が問題になっているのかがわかります。これは楽しかったな、だけどこれはどうもうまくいかないな、といった情報を集めて、できない要因は何か、それを解決するにはどうすれば良いかを考え、できることを少しずつ増やしていくようにします。

　そして1日のどこかの時間でちょっと計画を振り返って考える時間を持つようにすすめます。そのために認知行動療法活用サイト「こころのスキルアップ・トレーニング」の「こころ日記」を利用してもらってもよいでしょう（図1-4-3）。「こころ日記」は、ごくシンプルに毎日起きたことを記録する、文字通りの「日記」です。

　「こころ日記」が他の一般的な日記と違うのは、起きたことをそのままに書くのではなく、「良かった出来事」と「つらかった出来事」、そして「今後にいかせること」の3つを書き出せるようになっているところです。

「こころ日記」で、最初に「良かった出来事」を書くようになっているのは、良い出来事に目を向ける方が、つらい出来事やうまくいかなかった出来事に目を向けるよりも、気持ち的に楽ですし、「つらかった出来事」に対しても前向きに考えられるようになるからです。

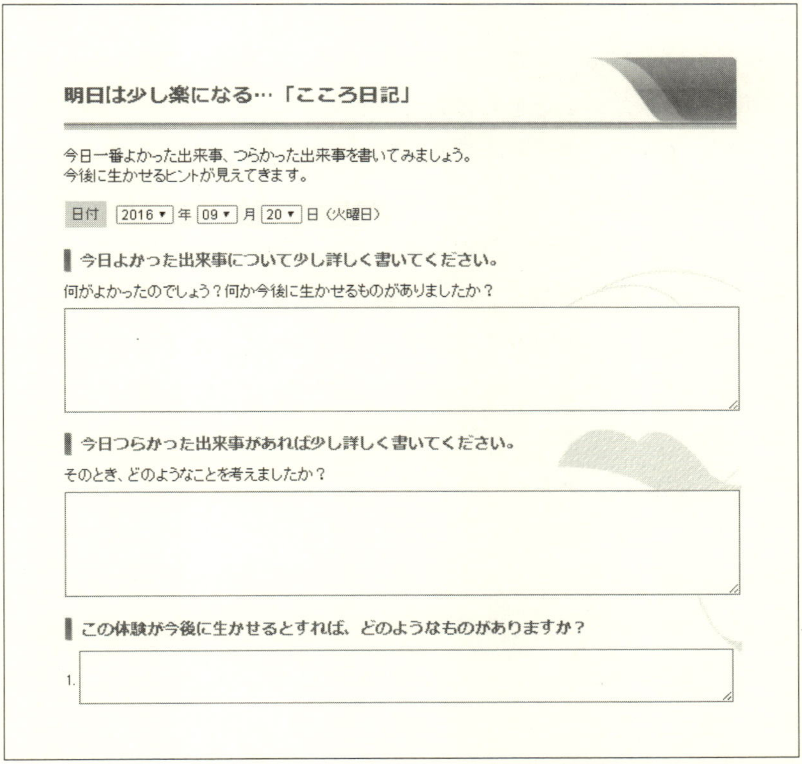

図 1-4-3 こころ日記
「こころ日記」(こころのスキルアップ・トレーニング)

認知再構成法

・認知再構成法と非機能的思考記録表

　認知再構成法は、考えに縛られて問題解決が進んでいないときに活用できるスキルです。

　私たちは、悩んでいるときにはネガティブな考えに縛られています。落ち込んでいるときには自分を責めています。まわりの人との関係をマイナスに考えたり、将来のことを悲観的に考えたりしています。「否定的認知の3徴」です。不安なときには、危険を過大評価し、自分の力や周囲からの支援を過小評価しています。こうしたネガティブな考えが強くなると、絶望的な気持ちが強くなって、前に向いて進む力が失われてきます。そのために、本来であれば解決できるはずの問題まで解決できなくなり、ますます悲観的に考えるようになってきます。

　こうした極端な考えから自由になるためには、そのときに頭に浮かんだ考え、「自動思考」を振り返ってみることが役に立ちます。現実に目を向けてしなやかに考えながら問題に取り組んでいくと、気持ちがずいぶん楽になりますし、問題を解決できる可能性が高まります。この作業を行うのが認知再構成法で、認知行動療法で重要な位置を占めるスキルのひとつです。

　認知再構成法は対話を通して行うことができますが、それに加えて非機能的思考記録表（コラム）を使うとより効率的に自動思考の振り返りができるようになります。考えや気持ちを書き出すことで、客観的に自分を見ることができるようになるのです。

非機能的思考記録表（7つのコラム）

状況	
気分	
自動思考	
根拠	
反証	
適応的思考	
気分の変化	

表 1-4-4 非機能的思考記録表（7つのコラム）

非機能的思考記録表は様々なものがありますが、私たちは、状況、気分、自動思考、根拠、反証、適応的思考、気分の変化の7つの欄で構成されている7コラムをよく使います（表1-4-4）。根拠と反証を検討することで、現実に目を向けて考えを検討することができるからです。

　7コラムでは、まず状況・気分・自動思考を書き込みますが、それによって、そのときの考えを振り返ることができます。次に、そのときの考えが必ずしも現実そのものではない可能性があるため、根拠・反証を書き込みながら情報収集を行います。そうした新たな情報をもとに、より柔軟で現実的な適応的思考を案出して、次につながる工夫ができる前向きのこころの状態をつくり出すようにします（表1-4-5、表1-4-6）。

　非機能的思考記録表は7コラムだけではありません。アーロン・ベックは、根拠と反証を含まない5コラムを使っていました（表1-4-7）。これはとても簡便で使いやすいコラムで、いまでも広く使われています。ただ、5コラムだと無理に考えを切り替えさせようとすることがあるので、現実に目を向けることを意識するために根拠と反証を入れた7コラムが作られたのです。

　行動を入れた記録表を使ったり、完全主義や結論への飛躍など極端な考えの例を挙げた記録表を使ったりする専門家もいます。私も、認知行動療法活用サイト「こころのスキルアップ・トレーニング」のなかに、7コラムの他に、「状況」「思考」「適応的思考」「気分の変化」「今後の課題」の5コラムで構成した「かんたんコラム法」を入れています（表1-4-8）。これは、今後の課題への取り組みに目を向けることを意識した記録表です。相談者自身が、自分で使いやすい記録表を作って使っていることもあります。

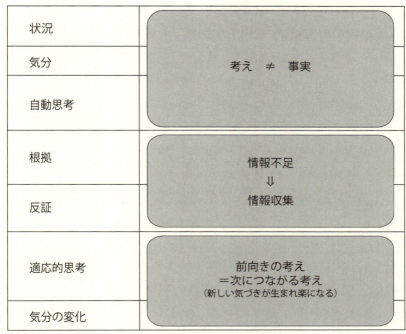

表 1-4-5 非機能的思考記録表（7つのコラム）のポイント

ベックの5つのコラム				
状況	気分	自動思考	適応的思考	気分の変化

表 1-4-6 ベックの5つのコラム

第1部　認知行動療法の基本を理解する

非機能的思考記録表（7つのコラム）記入例

状況	プレゼンが終わったとき
気分	落ち込み（80%）
自動思考	うまくできなかった。 つまらなそうな顔をしている人がいたし、質問も出なかった。今回のプレゼンは失敗だ。 次もきっと失敗するだろう。
根拠	誰からも質問が出なかった。
反証	プレゼンの後で、質問してくれた人がいた。
適応的思考	プレゼン中は質問が出なかったが、終わった後で質問してくれた人がいた。講義の内容を理解していないとできないような質問だった。意外とうまくいっていたのかもしれない。久しぶりなのでぎこちない面があったが、もう少し工夫してどうなるかみていこう。
気分の変化	落ち込み（50%）

表 1-4-7 非機能的思考記録表（7つのコラム）記入例

かんたんコラム

① 状況	どのようなことが起こりましたか？
② 自動思考	どのような考えが頭に浮かびましたか？
③ 適応的思考	バランスのよい考えをしてみましょう。
④ 気分の変化	気分は変わりましたか？
⑤ 今後の課題	気づいたことや、今後の課題を書き出してみましょう

表 1-4-8 かんたんコラム

かんたんコラム（記入例）

① 状況	どのようなことが起こりましたか？ 彼（彼女）とケンカしてしまい、ひどく落ち込んだ。
② 自動思考	どのような考えが頭に浮かびましたか？ ・こんなつまらないことで腹を立てる自分はダメな人間だ。 ・別れることになるかもしれない。
③ 適応的思考	バランスのよい考えをしてみましょう。 ・自分はダメな人間だと考えた。しかし、相手も悪かったのだから、一方的に自分を責めることはない。 ・別れることになるかもしれないと考えたが、以前にもぶつかって仲直りをしたことがある。これをきっかけに二人の関係についてよく話し合うことができれば、ケンカをしたことがかえってよかったのかもしれない。
④ 気分の変化	気分は変わりましたか？ 少し楽になった。
⑤ 今後の課題	気づいたことや、今後の課題を書き出してみましょう 自分から連絡して、何が問題だったかを冷静に話し合おう。

表 1-4-9 かんたんコラムの記入例
出典：『マンガでわかりやすいストレス・マネジメント』（きずな出版）

・非機能的思考記録表の使い方

　非機能的思考記録表は、自分で考えを整理して客観視するのに役立ちます。感情や考えを書き込むことで、自分から少し距離を取って自分を眺める別の自分を作り出すことができるからです。非機能的思考記録表は振り返りのための手段のひとつですから、必ず記録表に書き込まなくてはならないと考えないようにしてください。

　相談場面では、相談者の話にまず耳を傾けるようにします。その上で、コラムに落とし込んだ方がわかりやすいようであれば、相談者の話の流れを尊重しながら、書き込める欄から書き込むようにしていきます。そのときに、最初から記録表に書き込んでいくのは好ましくありませんし、練習ドリルのように、上から順番に書き込むように指導する必要もありません。人間的かかわりを大切にする相談面接と、順番に書き込んでいく練習をする研修会とは違います。記録表はあくまでも脇役で、悩んでいる相談者が主役であることを忘れないようにしましょう。

　相談面接ではまず、アジェンダに設定した具体的な問題をどのように解決していけば良いか、認知行動療法モデルを念頭に置きながら話し合います。その過程で、問題解決を妨げている認知に相談者が気づけば、それをどのように修正できるかを話し合い、ある程度全体像が見えてきた段階で、それまで話し合ったことをそれをまとめる意味で記録表に書き込むようにします。その作業を何度か繰り返して、相談者がひとりで記録表を使って自分の考えを振り返り、修正することができるように手助けしていきます。

　相談者がコラムを使った認知再構成法になじみが薄い面接初期では、とくにこの「話し合い」→「用紙記入」という流れを大事にし

てください。そうしないと、ドリル練習のように表面的にコラムを使うだけになって、問題解決につながる適応的な考えを導き出しにくくなるからです。非機能的思考記録表にきれいに書き込めていても気持ちが楽にならないというときには、実感を伴わないまま表面的に考え方だけを変えようとしている可能性が高いと考えられます。そうなると、相談者は認知行動療法が「役に立たない」と考えるようになり、面接を継続しようとするモチベーションまで低下してくる可能性があります。

　認知再構成法が特殊な技法のように思えて尻込みをする人もいますが、非機能的思考記録表に挙げられている項目は、けっして特別なものではありません。友だちや家族の悩みの相談に乗っているときの会話をわかりやすく項目立てしたものと考えることができます。友だちや家族が悩んでいるとき、私たちは、「何があったの？」と状況を聞きます。「大変だったね」「つらかっただろうね」と共感すると、悩んでいる人はいろいろな気持ちや考えを口にします。そして一緒に、何が起きたかをあれこれ話し合います。これが、根拠と反証を探す作業になっていて、視野が広がり気持ちが楽になるのです。

　このように、非機能的思考記録表は、普段の人間関係で相談に乗っているときの話の流れそのもので、特別なものではありません。それはまた、私たちが自分で考えて問題を整理しているときの、考えの流れでもあります。それを形にして振り返りやすくしているのが非機能的思考記録表で、これを上手に使えるようになると、相談者は、自分が友だち代わり、カウンセラー代わりになって自分自身の相談に乗ることができるようになります。

・3コラム：考えていることが必ずしも現実ではないことに気づく

　次に、7コラム法をもとに、非機能的思考記録表の記入のポイントを確認しておきます。最初の3コラム（状況、感情、自動思考）は、問題に直面したときに瞬間的に浮かぶ自動思考が必ずしも事実そのものではないということに気づくことがおもな目的です。「人に迷惑をかけている」のが事実だと思い込んでつらくなっている相談者の場合、その考えが必ずしも事実ではないと気づくだけでも気持ちが少し楽になるはずです。

　そのために、まず「状況」の欄に、気持ちがすごく動揺したり、つらくなったりしたときに、どういうことが起きていたのか、一つの場面を簡潔に、具体的に書き込みます。原則として、気持ちが揺れ動いていた場面があれば、すぐに書き出すようにします。いろいろとつらい体験をして、もっと多く書き出したいという相談者がいるかもしれません。しかし、一度にいくつもの課題に取り組むよりも、ひとつの課題に集中して課題に取り組む方が効率的です。ですから、つらくなったときの出来事を具体的に一つだけ選んで、それを書き出すように勧めるようにします。

　そのときに、状況を詳細に聞きすぎたり、感情や考えを詳しく聞いたりして話の焦点が絞れなくならないように注意しなくてはなりません。面接でも、状況を聞くのに時間を使いすぎるのは好ましくありません。状況が曖昧なときだけ、何が起きたかを具体的に尋ねて、状況を明確化するようにします。

　次に、感情に目を向けます。憂うつ、落ち込み、不安、怖い、恥ずかしい、腹立たしいなどの気持ちを、自分の言葉で素直に表現してもらうようにします。自動思考の前に感情に目を向けるのは、感情がアラームの役割を果たしているからです。気持ちが動揺するの

は問題が起きている可能性があるからです。そのような気持ちの動きに気づいて、その背景にある自動思考に目を向け、その妥当性を検証するようにしましょう。

　感情に目を向けることができたら、その感情がどの程度の強さだったかを100点満点でつけてもらいます。まったくそういう気持ちがなかった場合を0点とし、考えられる最も強い気持ちだった場合が100点です。

　このように点数をつけるのには、二つ理由があります。一つは、私たちがつらいときに「いままでに経験したことのないようなひどいつらさだ」と極端に考えてしまう傾向があるからです。そうしたときに、感情に点数をつけると、そのときの気持ちに巻き込まれずに、少し冷静になって状況や気持ちを見つめられるようになります。もう一つは、点数化しておけば、認知再構成法の作業をした後に、気持ちが楽になったかどうかを確認することができるからです。

　次にその出来事を体験したその瞬間に頭に浮かんでいる自動思考を書き出してもらいます。自動思考を書き出したあとに、その考えの強さを、100段階で評価してもらうこともあります。この場合も、最も強く信じている場合を100、全く信じていないのを0として、強さを評価してください。

　自動思考は、瞬間的に浮かんですぐに消え去るので、何を考えていたかわからないという相談者もいます。とくに、気持ちがひどく動揺しているときには、そうしたことが起こりやすくなります。そうしたとき、気持ちが落ち込んでいれば、否定的認知の3徴に目を向けて、自分自身に対して、まわりとの関係に対して、将来に対して悲観的に考えすぎていないかを検討してもらうようにします。

不安が強いときには、危険を過大評価する破局的な思考になっていないか、自分の力や周囲からの支援を過小評価するような考え方をしていないか、振り返ってもらうとよいでしょう。
　自動思考がすぐにわからないときには、あまり無理をしないで、後になって少し気持ちが落ち着いたところでそのときの気持ちや考えを振り返ってもらったり、次に同じような場面でどういうことを考えたかを意識しておくように伝えたりして、別の機会にその考えについて話し合うようにしてください。
　自動思考を書くときには、可能なかぎり主語を入れるようにしてもらいましょう。私たち日本人は主語がなくても文章が書けるので、つい主語のない文章を書いてしまいます。しかし、それでは何が問題なのかがわかりにくくなります。また、自動思考が疑問型で書き出されている場合には、言い切りの形にしてもらった方がよいでしょう。「嫌われているんじゃないか」と考えて落ち込んでいるときには、「嫌われている」と断定的に思い込んでいることが多いからです。

・感情と思考の関係を知る

　感情と思考を振り返っているきに、感情と思考の区別がわかりにくいという相談者がいます。たしかに、感情と思考を区別するのが難しいことも少なくないのですが、一般的に感情というのは、つらい、悲しい、不安だ、怖い、腹が立つ、などひと言で表現できるものです。一方、思考は、「自分はダメな人間だ」など文章で表現されるものです。
　ただ、ここで感情と考えの区別にこだわりすぎるのは得策ではありません。ここでは、気持ちに影響した考えに気づいて、それが必ずしも現実そのものではないと気づいてもらうことが大事で、感情

と思考を区別することは一つの手段でしかないからです。

　自動思考をたくさん書き出している人も少なくありません。その場合には、気持ちに一番影響している考えを一つ選び出してもらってください。これをその人の感情や行動に一番影響している「ホットな思考」、つまり一番熱い考えと呼びます。

　ここで感情と認知の関係を理解しておくと、焦点を当てる考えに目を向けやすくなります。人の感情は、大きく4つに分けられます。「悲しみ」「不安」「怒り」「喜び」の4つです。なかでも、とくにつらい3つのネガティブ感情「悲しみ」「不安」「怒り」と、認知の関係について考えてみましょう。

　「悲しみ」は、喪失という認知や判断と関係しています。「気にかけてくれないんだ」「嫌われたんだ」と考えるときには、失われたという判断、認知が働いています。病気をして落ち込むのは、健康な自分を失ったと考えるからで、年を取って憂うつになるのは、若い自分を失ったと考えるからです。そのときには「否定的認知の3徴」といわれる、自分・周囲との関係・将来に対して悲観的に考えるようになっています。

　「不安」は、危険に関連した破局的な認知が強くなっている状態です。たとえば、相手の人を怒らせたのだろうかと考えたとき、関係が危険な状態にあると判断して不安になり、その人に近づきたくないという回避行動につながったりします。危険を過大評価し、自分の力や周囲からの支援を過小評価しているのです。

　「怒り」を感じているときには、不当だ、ひどいなどの認知が働いています。このように考えると、攻撃的になりがちですが、攻撃的な態度や口調によって、相手もそれに反応して攻撃的になるので注意が必要です。怒りは相手の怒りを呼び覚まします。

もちろん、こうした否定的な認知が必ずしも間違っているとは限りません。認知の修正は、悲観的な考えを単純に否定することによってではなく、現実に何が起きているかを一緒に見ていく過程で生まれてきます。このように現実に目を向けるときには、次頁で紹介するマインドフルネスのスキルも役に立ちます。
　相談者が感じた気持ちが妥当であるかどうかの判断も大切です。相談者が腹立たしい気持ちについて話しているとき、本当にひどいことを言われていたのであれば、腹を立てるのは当然のことです。その場合には、怒りの背景にある自動思考を修正しようとするのではなく、現実の問題に対処できるように手助けします。
　このように、そのときの感情が妥当なもので、必ずしも問題にする必要がない場合には、認知を修正するのではなく、問題解決技法やコミュニケーションスキルなどの方法を使って、現実の問題に適切に対処できるように手助けします。ただし、いくら妥当な感情であってもそれが強すぎる場合には、感情を和(やわ)らげる手立てを考える必要があります。たとえば、腹立たしさのあまり暴力をふるうなど、非適応的行動が起きている場合には、気持ちの高ぶりに気づいて一息いれたり、気を逸らしたり、認知再構成法を使って考えを切りかえたりすることで行動をコントロールするようにします。

コラム　マインドフルネス

　マインドフルネスというのは、瞑想法を基礎にしたアプローチで、そのときどきの自分の考えから距離を取って、いま起きていることに素直に目を向け、思い込みから自由になる方法で、その点では認知行動療法の基礎になる手法と言うこともできます。

　こころがマインドフルな状態になると、私たちは周囲に対しても、そして自分自身に対しても思いやりの気持ちを持って接することができるようになります。

　逆に言えば、悩んでいる状態は、思い込みに縛られて自分に気遣いができなくなっている状態です。

　マインドフルネスのアプローチを使ってそうした思い込みの状態から抜け出すことができれば、自分を思いやりながら自分らしく生きていくことができるようになってきます。

　このようにマインドフルネスにはこころを健康にする大きな力が含まれています。

　マインドフルネスの実際について、慶應義塾大学の佐渡充洋氏、藤澤大介氏、朴順禮氏が作成した動画をSMN本書専用コーナーでアップしましたので参考にしてください。

```
3分間呼吸空間法
3つのステップ
・ステップ1
・今あなたに起きていることに気づきます
・ステップ2
・散漫になった心をまとめて、呼吸に注意を向けます
・ステップ3
・注意を全身の感覚に広げます
```

・次の工夫につながる適応的思考

　適応的思考というのは、何も問題がないとポジティブに考えることではありません。それだと現実から目を逸らすことになって、問題に適切に対処することができなくなります。適応的思考というのは、問題は問題と冷静に認識して、それを解決する工夫に向かう考えのことです。

　認知再構成法は、考えを変えることが目的ではなく、問題を解決することが目的のアプローチです。そのことを理解していないと、相談者が納得しないまま、考え方を変えさせようとプレッシャーをかけるような面接になってしまう可能性があります。

　そもそも、考え方を変えれば必ず気持ちが楽になるというわけではありません。問題解決の可能性が見えてこないと気持ちは楽になりませんし、そのためには、問題解決を妨げている考えに気づいて、より現実的な考え方に変えていく必要があります。

　前述したことですが、職場の上司が感情の起伏が激しい強圧的なタイプで対応に苦しんでいる場合に、上司の性格は変わらないのでどうすることもできないから、その上司を受け入れられるように考え方を変えるようにと勧める人がいます。たしかに、上司の性格は変わらないというのは事実でしょう。しかし、だからといってその上司を受け入れられるように考えを切り替えるのは簡単ではありません。

　ここで修正する必要のある認知は「どうすることもできない」という部分です。この考えはあくまでも仮説にすぎません。ですから、少し立ち止まって、現実に目を向けながら情報を収集し、問題に対処する方策について検討していくようにします。上司に直接話をするというだけでなく、仲間と話し合ったり、別の上司に相談したり、

人事に話を持っていったり、保健センターで相談したりするなど、様々な方策があることに気づけば「どうすることもできない」という無力感につながる認知が和らいできます。

次に、適応的思考の導き方のおもな方法を4つ紹介します。

(1) 適応的思考の導き方：根拠・反証を探す証拠探し

適応的思考を導き出すためにまず試してほしいのが、7コラム法の根拠と反証を組み合わせる方法です。これは、自動思考に縛られずに現実に目を向け証拠集めをするのを手助けする方法で、根拠と反証が出たところで、その2つを「しかし」でつなぐとバランスの良い現実的な考え方になってきます。

次の表は、忙しい営業マンが保健師から高血圧を指摘され、規則正しい食生活と禁酒、運動を勧められたときに書いた7コラムです（表1-4-9）。仕事が目白押しの状態にある営業マンは、自動思考の欄に「私には、とても実行できない」「私は営業マン失格だ」と書き込んでいます。

営業では酒の席が多く、クライアントに合わせると生活が不規則になるからです。これが根拠です。たしかにこういう事実に目を向けると悲観的な考え方がつらくなります。しかし、少し視野を広げてみて、営業出身の常務は酒が飲めないのに業績を上げて出世しているし、すべて人に合わせる必要はないと上司から言われているという事実、つまり自動思考とは矛盾する現実が見えてくると、少し気持ちが楽になってきます。このように、自動思考に縛られずに現実に目を向け証拠集めをして、自動思考を裏づける事実＝根拠と反対の事実＝反証を集めてその両者を「しかし」でつなぐと、バランスの良い前向きの適応的思考が生まれてきます（図1-4-4）。

非機能的思考記録表(7つのコラム)記入例

状況	仕事が目白押しなのに、高血圧を指摘され、規則正しい食生活と禁酒、運動を勧められた。
気分	がっかり(95点)、怒り(80点)
自動思考	私には、とても実行できない。 私は、営業マン失格だ。
根拠	営業では酒の席が多い。 クライアントに合わせると生活が不規則になる。
反証	営業出身の常務は酒が飲めない。 「すべて人に合わせる必要はない」と、上司から言われている。
適応的思考	営業では酒の席が多く、クライアントに合わせると生活が不規則になるのは事実だが、営業出身の常務は酒が飲めないし、「すべて人に合わせる必要はない」と言われている事実もある。体を悪くした方が会社に迷惑をかけるし、自分のやりたい仕事もできなくなる。どの程度取り組んでいけばいいか保健師に尋ねてみよう。
気分の変化	がっかり(60点)、怒り(30点)、やる気(80点)

表 1-4-10 非機能的思考記録表(7つのコラム)記入例

このときによく耳にするのが、反証を引き出すのが難しいという意見と、根拠や反証をすべて書き込む必要があるのかという質問です。
　相談者とこの作業をやっていると、根拠は比較的簡単に見つけ出すことができます。自分がどんなにダメな人間か、どんなにまわりの人から嫌な人間だと思われているか、これから良いことが起こらないと考えているのはなぜか……。そうした事実は、相談者が悩んでいることそのものですから、比較的スムーズに見つけることができます。
　ところが、自動思考とは反対の事実、つまり反証を見つけ出すことに苦労することが少なくありません。もともとそうした事実が見えていないから悩むことになっているのですから、反証がわかりにくいのは当然だともいえます。

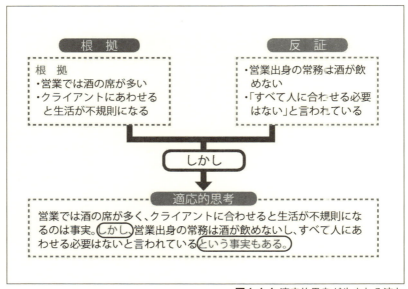

図 1-4-4　適応的思考が生まれる流れ

そのようなとき、私は「現在・過去・未来」というキーワードを大切にしています。私たちは問題に直面したとき、誰でも問題に目を奪われて、他の肯定的な事実に目が向かなくなりがちです。しかし"現実"に起きたことを丁寧に振り返っていくと、反対の事実が見えてくることがよくあります。

　それでも反証が見つからないときには、"過去"を振り返ってみるのも有効な手立てです。過去に反対の事実がなかったかどうか、過去と比較して現在はどうか、などと考えるように勧めます。現在や過去を振り返っても反証を見つけることができない場合には、行動実験を計画して、考えていることが適切かどうかを検証します。これが"将来"です。

　ただ、根拠や反証を必ず書き込まないといけないと思いすぎるのは好ましくありません。コラムは認知の動きを"見える化"する一つの手段ですから、全体像を把握して適応的思考を案出できれば、根拠や反証などすべての項目を書き込む必要はありません。すべての欄を埋めなくても、保健・医療スタッフと話し合う中で、相談者の気づきが深まることが少なくありません。自宅では、家族や友人と一緒に考えてもらってもいいでしょう。

(2) 適応的思考の導き方：シナリオ法

　最悪のシナリオと最良のシナリオを考える「シナリオ法」も役に立ちます（図1-4-5）。ここでは、大病をして仕事ができなくなるという最悪のシナリオと、何もしなくても奇跡的に高血圧が治ってしまうという最良のシナリオと考えています。

　こうした極端なシナリオを考えることで、食生活を改善し少し運動を始めると徐々に血圧が正常範囲に戻っていくだろうという現実

第1部　認知行動療法の基本を理解する　　109

的なシナリオが見えてきます。

(3) 適応的思考の導き方：視点を変える質問をする

視点を変える質問を自分にしてもらうのも一つです。それには、次のように第三者の立場に立って問いかけてみる方法があります。

「もし他の人が同じような考え方をしていたら、あなたは何と言ってあげますか？」

「あなたがそのように考えていることを知ったら、あなたの親しい人はどのような言葉を投げかけてくれるでしょうか？」

「自分の力だけではどうしようもない事柄について、自分を責めていませんか？」

このように、自分で自分に問いかけてみるのです。

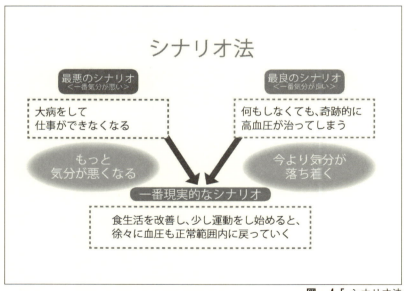

図 -4-5 シナリオ法

「元気なときだったら、違う見方をしていないでしょうか？」
「5年後、10年後に今を振り返ったとしたら、どのように考えるでしょうか？」
といった、過去や未来の自分からの声かけをしてみてもよいでしょう。
これまでの経験をもとに考えてみるように勧めてもよいでしょう。
「以前にも似たような経験をしたことはありませんか？ そのときはどうなりましたか？」
「そのときと今回では、どのようなところが違うのでしょうか？」
「その経験から、今回役に立ちそうなものはありますか？」
こうした問いかけをしてみるのです。

(4) 適応的思考の導き方：自動思考の特徴に目を向ける

ホットな自動思考にどのような特徴があるのかを考えてみてもらってもよいでしょう。自動思考を振り返ってみたときに、思い込みや白黒思考、べき思考などの特徴が強くなっていると、現実の問題に目を向けることができなくなりやすいと考えられています（図1-4-6）。そうしたことに気づいたときには、極端な考え方を現実に即した考え方に切り替えて、問題に冷静に対処するように勧めます。

しかし、何の説明もないまま極端な自動思考を修正するように勧めると、相談者は、自分の考え方が悪いのだと自分を責めるようになる可能性があるので慎重に行う必要があります。そうしたことにならないように、自動思考の特徴を検討するのは考えが正しいとか間違っているということではなくて、自分の考えを冷静に振り返る手段の一つだと説明しておくようにします。

そもそも、こうした極端な考え方はそれぞれ独立したものではな

第1部　認知行動療法の基本を理解する

く、お互い関係が深く、重複しています。白黒思考をするような完璧主義だと決めつけ傾向が強くなりますし、べき思考に縛られやすくもなります。

　それに、こうした思考の特徴がすべて悪いというわけではなく、良い面もあります。たとえば、白黒思考がうまく働くと正確に仕事をこなすことができます。人の気持ちを上手に読むことができれば、相手の人のこころに適切な配慮ができるようになります。ですから、白黒思考を直すようにとか、人の気持ちを深読みしないようにというのは、いい加減になりなさい、人の気持ちなど無視しなさい、というメッセージを伝えることになりかねません。

　こうした思考の特徴が問題になるのは、それが極端になっているときです。白黒思考が強くなりすぎて自分を縛りすぎていたり、人の気持ちばかり配慮して自分の気持ちを抑え込みすぎたりすると、問題に適切に対処できなくなりますし、つらい気持ちにもなってきます。

　ですから、思考の特徴は、セルフモニタリングの際に自分の考えが極端になりすぎていないかどうか気づく手がかりとして使うようにするとよいでしょう。それが問題解決を妨げている場合に現実に即した柔軟な考えに切り替えて問題に対処していくよう勧めるのです。

　そのときに使える具体的な方法を図1-4-6（113頁）に示しました。思い込み・レッテル貼りには反対の事実はないか具体的に考えてみます。白黒思考が強くなっているときには、点数をつけるなど段階的に考えるようにしてもらいます。「必ず」「いつも」「絶対」と考えているときには要注意です。べき思考が強くなっているときには、具体的な結果に目を向けて解決策を考えていくようにしてもらいます。

思考の特徴と切り替え方

● 思い込み、レッテル張り

「また、前と同じだ」 反対の事実はないか具体的に考えてみましょう。

● 白黒思考

「何でも完璧にできないと」
「いつも失敗してばかり…」 点数をつけるなど、段階的に考えましょう。「必ず」、「いつも」「絶対」は要注意。

● べき思考

「…すべきだ」
「…すべきでなかったのに」 具体的な結果に目を向けて解決策を考えてください。

● 自己批判

「こんなことが起きたのは私の責任」 誰にどのような責任があるか、相対的に考えましょう。

● 深読み

「あの人は私のことを困った人間だと思っている」 根拠と反証を見直しましょう。確認することも大切です。

● 先読み

「きっとうまくいかない」 可能性と解決策を具体的に考えましょう。否定的に考えると失敗しやすくなります。

図 1-4-6 思考の特徴と切り替え方

自己批判の傾向が強いときには、誰にどのような責任があるのか、相対的に考えてもらうようにします。深読みしすぎているときには、根拠と反証を見直してもらいます。相手の人に確認することも役に立ちます。先読みの傾向が強くなっているときには、可能性と解決策を具体的に考えるようにします。否定的に考えすぎると緊張して失敗しやすくなります。

　ここまで、7コラムを使った認知再構成法について説明してきました。もう一度強調しておきますが、認知再構成法は、考え方を変えることを最終的な目的としたアプローチではありません。
　考え方を変えるのは問題を解決するためで、大事なのは問題解決につながる工夫を含んだ考え方ができるようになることです。ですから、考えを切りかえても問題を解決するまでは気持ちがすっきりしないことがあるということを相談者と共有しておくことも大切です。

問題解決技法

　問題が具体的にわかっているときには、問題解決技法を使ってその問題に対処できるように手助けします。それによっていくらかでも問題が解決できれば、「どうすることもできない」という認知が修正されます。

　問題を解決するときには、悲観的な考えから自由になること、解決しないといけない課題をはっきりさせること、そして、できるだけ多くの解決策を考えるようにすることが大事です。

　問題を絞り込み、解決策を多く考えることができれば、解決可能性が高くなります。そのうえで、よいと考えられる解決策を選び出して、計画を立てて、実行してもらいます。解決策を実行してうまくいけばそれでよいでしょうし、うまくいかなければ、それが次の課題になります。

（1）問題解決に向かうこころの状態を作る

　問題解決のときには、まず問題解決を妨げる考えに邪魔されないようにすることが大切です。

　「取り返しのつかないことになってしまった……」
　「どうして自分だけがこんな目にあうのだろう……」
　「これまでの努力が無になってしまった……」
　「もうダメだ、どうすることもできない……」
　「大変だ、今すぐなんとかしなければ……」
　「すべての問題を解決しなければ……」

　これはすべて、問題解決を妨げる考え方です。そうした考えが頭

に浮かんでいることに気づいたときには、認知再構成法を使って、考え方を切り替えるようにします。

慢性的に長く続いているうつ病の人は、あきらめていることが多いといわれます。あきらめてしまうと、何もできなくなり、やはりダメだという思いが強くなります。

認知療法の創始者のアーロン・ベックがはじめて認知行動療法の本を出版したいと考えたときのエピソードからも、あきらめないことの大切さがわかります。ベックは、認知行動療法の考え方を提唱してから20年以上も認められませんでした。そこで、本を出版して認知行動療法の考え方を広めようと考えて、有名な出版社に原稿を持ち込みました。

翌日、編集者から電話が入ったのですが、それは断りの内容でした。「面白い内容だったので一晩で原稿を読んだが、考え方に目を

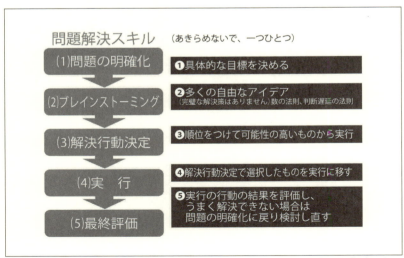

図1-4-7 問題解決スキル

向けるという簡単な方法で気持ちが軽くなるとは考えられないので出版することはできない」と言われたといいます。

ベックは、断られたという事実に目を向けて落ち込みましたが、「やっぱりダメだったのか…」とあきらめていれば、そこで終わっていました。でもベックはあきらめずに、別の出版社に持ち込んで、最終的に出版され、世界的に評価されることになりました。

自分が大切だと思ったことは、あきらめないことです。いわゆる大目標を忘れないようにするのです。そのとき、自分がやったことに対して、理想的なスタンダードで判断をしないことも大切です。落ち込んでいるときは、思うようにいかないことがあります。そのときに元気なときのスタンダードで判断すると、うまくいっていないことが目についてつらくなります。ですから、いまの段階で何ができるかを考えてもらうようにすると良いでしょう。

また、そうしたときのひとつのコツですが、慢性のうつ病の人が辛い体験を語ったときなどには、現実に起きた出来事（Actual Ourcome, AO）と、本当はこのようになれば良かったと期待する出来事（Desired Ourcome, DO）を比較して、AOをDOに近づける手立てを一緒に考える認知行動分析システム精神療法が役立ちます。

(2) 解決する課題を決める

問題に取り組むときには、まず解決する課題を具体的に決めるようにします。

一般に、私たちが問題を解決できないときは、最初に決める課題が曖昧なことが多いのです。ですから、できるだけはっきりとした形で具体的に決めるようにします。

具体的に課題を決めるときに、役に立つポイントが二つあります。

それは、一つひとつ問題に取り組んでいくことと、問題を細かく分けることです。
　私たちは誰でも、いくつかの問題を抱えながら生活しています。そうした問題を一気に解決できればそれに越したことはありませんが、普通はそううまくはいきません。いくつかの問題を一度に解決しようとすると、どれもが中途半端になって、結局何も解決できなかったということになります。
　悩んでいる人はこういう状態に陥っていることがよくあります。「急がば回れ」です。焦らずに、一つひとつ問題を解決していってもらうようにします。たくさん問題を前にどこから手をつけるか迷ったり、いろいろと手をつけて解決するまで考えが進まなかったりしている人には、問題を"横"にではなく"縦"に並べて、目の前の問題からひとつずつ解決していくように勧めるとよいでしょう。これは、自分のうつ病体験をもとにベストセラー『やまない雨はない』（文藝春秋）を書いた倉嶋厚さんに教わったアイデアです。
　焦らないという点でも、大きな問題を一気に解決しようとしないことが大事です。そのときに、岩を持ち上げて移動させるときのたとえがよく使われます。
　大きな岩を一気に持ち上げることはできません。無理に持ち上げようとすると腰を痛めてしまうのがオチでしょう。そのようなときに、岩を小さく砕いて石にすれば簡単に移動させることができます。同じように、一気に解決するのが難しいような大きな問題に突き当たったときには、それを細かく分けてもらうようにします。問題を前にして身動きがとれなくなっているときには、それを細かいステップに分けて、それぞれに解決策を考えていくようにしましょう。

(3) 解決策を考える：数の法則と判断遅延の法則

　解決する課題が決まれば、次は解決策を考える段階です。ここで大事なことは、「数の法則」と「判断遅延の法則」です。

　「数の法則」というのは、できるだけ多くの解決策を考えようというものです。そのときの頭の中の状態を例えて、ブレイン・ストーミングといわれたりします。つまり、頭の中を嵐が吹いているような状態にして、思いつく限りの解決策を考えるという意味です。

　嵐のような状態ですから、必ずしも理路整然と考える必要はありません。まずは思いつくままに解決策を書き出してみます。問題解決では、その柔軟性が大事なのです。

　うまく問題解決ができないときには、十分に多くの解決策が考えられていない場合がよくあります。これしかないと決め打ちしているのです。私たちは、最初に浮かんだ考えに縛られる傾向があります。自分が最初に考えた解決策です。どうしても大事に思えてきます。でも、その気持ちや考えをちょっと脇に置いて、もっと他に解決策がないかを考えてもらうようにします。

　逆に、私たちは、最初に良い考えが浮かんでも、「そんなのは絶対に無理だ」「やめた方がよい」と決めつけていることもあります。仕事が行き詰って家族に相談しようかと考えたときに、「こんなことを話して、家族を心配させてはいけない」と考えて話すのをやめることがあります。そのように家族の気持ちを考えるのは大事ですが、そのために問題が大きくなってしまっては大変です。自分で解決できれば良いのですが、解決できなくて問題が大きくなれば、かえって家族に心配をかけてしまいます。それでは逆効果です。

　ですから、良いか悪いかの判断は後回しにして、考えられる限りの解決策を考えるようにします。これが「判断遅延の法則」です。

これは、問題を先送りにするということではありません。気づいたときに、すぐに問題に対処する。その迅速性も、問題解決では大切です。

　解決策を多く考え出すためには、問題に関係した情報をできるだけ集めるようにします。少ない情報をもとに解決しようとしても、なかなかうまくいきません。情報が集まってくれば、解決策の幅も広がってきます。

　問題を前にして悩んでいるときには、これをすれば絶対うまくいくという解決策がない場合がほとんどです。もしそのような解決策があれば、それほどには悩まないはずです。ですから、判断を後回しにして、多くの解決策を考えていくようにします。

　このようなとき、後で浮かんできたものの中に意外とよい解決策がある場合が少なくありません。最初の考えにとらわれずに、できるだけ多くの解決策を考えていくように勧めてください。

(4) 解決策を選ぶ

　解決策が一応出そろったところで、それぞれの解決策の長所と短所を考えてもらいます。長所を考えるときには、それによって問題が解決できる可能性と、その方法を実行するときの実行しやすさを考えてもらうようにします。解決可能性と実行可能性を各々10点満点で評価してもらうと、客観的に評価できるようになります。

　このように解決策と長所、短所を書き出すというのはちょっと面倒だと言われるかもしれません。そのようなときには、頭の中だけであれこれ考えていると、考えが混乱しやすくなることを伝えます。そして、少しだけ時間を取って書き出してもらうようにすると、解決策の整理ができることに気づいてもらいやすくなります。

あとで振り返って客観的に考えてもらうこともできます。そうすることで、また新しいアイデアが浮かぶこともあります。

(5) 解決策を実行し結果を評価する

　解決策が決まった段階で、それを実行します。しかし、ここでも焦ってすぐに実行に移さないことです。相談者は早く解決したいと考えるでしょうが早く解決したいと思う問題ほど大切な問題であることが多いのです。

　逆に言うと、大切な問題だからこそ、つらい気持ちが強くなっています。つらいから、早く解決したいという気持ちが強くなっているのです。ですから、ここは少し腰を落ち着けて、準備の時間を取るように話します。

　準備をする場合は、現実に目を向けながら具体的に考えていきます。何をするのか、いつどこでどのようにするのか、人にも頼むのか、自分一人でするのか、具体的な手順はどのようにすればよいかなど、いろいろな側面から考えながら丁寧に準備を進めていきます。

　準備段階では、解決策を実行するのに障害になるものがないかについても考えておきます。阻害要因がある場合にはどのようにそれに対処するかも、対応策を考えます。事前にわからないものもあるかもしれません。でも、いくつかでも事前に準備できていれば、解決策を実行しているときに新しい問題が出てきても、冷静に対処できる可能性が高くなります。

　解決策を実行した後は、その結果がどうだったかを評価します。このときに、解決できたかできなかったかというように白か黒かで判断するのではなく、何がどこまで解決できたかを丁寧に考えてもらうようにします。

そのときに、うまく問題が解決できていればそれで良いでしょう。もし、解決できていないときには、もう一度問題をはっきりさせて問題解決のサイクルを繰り返します。
　ここまで、ストレスの原因になっている問題の解決法について説明してきました。ここで説明した方法を使えば、問題解決ができる可能性が高くなります。もちろんすべてうまくいくわけではありません。しかし、もしすべて解決できなくても、こうした解決策を実行することで新しい課題が見えてきます。それだけでも十分に意味があるのです。
　すぐに問題が解決できないときには、頑張りすぎないで一休みする余裕も必要です。自分一人で頑張らないで、他の人に手助けをしてもらう。そうしたこころの余裕を持ってもらうようにします。

コミュニケーションスキル

　孤立して一人で考えこんでいると精神的不調に陥りやすくなります。そのことに気づいたときには、次のようなことを意識しながら話をすると自分の気持ちを上手に人に伝えられるようになります。

　　① 自分の気持ちに正直になる
　　② 相手の人の気持ちも大切にしながら穏やかに話す
　　③ 回りくどくならないようにポイントを絞って話す
　　④ その中で自分の考えや意見をきちんと伝える
　　⑤ 相手の意見にも耳を傾ける
　　⑥ ダメなことはダメだと伝える

　次のように考えると自由に話せなくなるので注意が必要です。

・こんなことを言うと、相手が気を悪くするに違いない
・こんなことを言うと嫌われる
・相手の希望を叶えないと関係が終わってしまうだろう
・相手のことが好きなら意見の相違はあってはいけない
・話さなくてもわかってくれるべきだ
・自分の意見を主張しないと相手にいいようにされてしまう

　……など、悩んでいる人は、こうした考えに縛られて一人で悩んでいます。こうした考えから自由になるためには認知再構成法が使えますが、そのときに次に説明するような人間関係のコツを知って

おくと役に立ちます。

(1) 距離の関係と力の関係

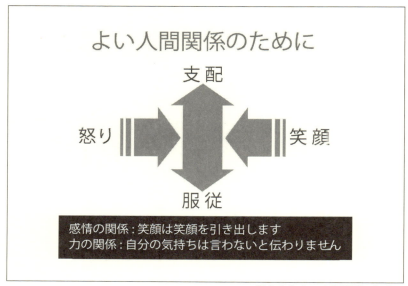

図1-4-8 よい人間関係のために

　これは、人間関係の特徴的なパターンです（図1-4-8）。横軸は感情の軸で、同じ反応を相手に引き起こします。自分がニコッとすれば相手の表情は和らぎます。自分がムッとすると相手もムッとします。悩んでいるときは、ついムッとした印象を与えがちになります。そのために、まわりの人たちと距離ができてしまうことがあります。縦軸は力関係の軸です。これは、感情の軸とは逆に、反対の反応を相手に引き起こします。一方が強くなると、一方が弱くなります。
　相談に乗っている人は、どうしても立場が強くなりがちです。「どうして、これできないの？　こうしたらいいじゃない」と次々とア

124

ドバイスをしてしまいます。そうすると、悩んでいる人は「やっぱり自分はダメだ、こんなこともできない」と考えて、こころがますます弱くなっていきます。

　ですから、まわりの人には自分の意見を言うのを控えめにして、ちょっと引いて悩んでいる人の話に耳を傾け、話しやすい雰囲気を作ってもらうように頼みます。いわゆる傾聴(けいちょう)の勧めです。一方、悩んでいるときは気持ちが弱くなりがちです。ですから、少し思い切って自分の気持ちを相手に伝えることが必要になります。

　自分の気持ちや考えをきちんと伝えることを、専門用語でアサーションといいます。そのときに、とても強い言い方と、とても弱い言い方をイメージすると、ほどほどの言い方が浮かんできます。これも、私たちが日常的に使っている方法です（図1-4-9）。

　青森県南部町の自殺対策で配られたチラシに、アサーションの例が載っています（図1-4-10）。活動をずっと支援している田中江里子氏と町の担当者が作成したもので、妻が「電球が切れたから、替えてって何度も言っているのに、まだ替えてくれないの」と言っています。それに対して夫が、「そんなに怒鳴らなくたっていいじゃないか。今日、新しいのを買ったんだから」と言い返すとケンカになっています。「ごめん、僕、役立たずで」と言っても、妻のほうは「そうよね」とプンプンして、買ってきたってことさえわかってもらえません。

　この二つの言い方を組み合わせると、「遅くなって悪かったね、品切れでさ、今日、やっと手に入れたんだ。これでいいかな」といったほどほどの言い方が浮かんできます。このような言い方をすれば、自分の伝えたいことが伝わりますし、相手も納得をします。

　自分の思いを上手に伝えるコツを言い表した「みかんていいな」

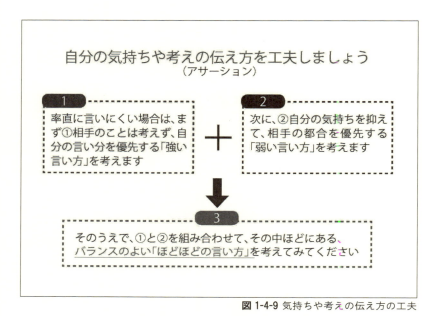

図 1-4-9 気持ちや考えの伝え方の工夫

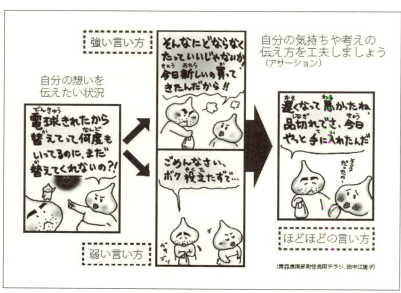

図 1-4-10 ほどよい言い方

という表現があります（図1-4-11）。これは、「見る」「感じる」「提案する」「否と否定されたときの代案を言う」の頭文字を取ったものです。「見る」というのは客観的な事実を伝えるということです。「品切れだっただけれども、ようやく手に入れたんだ」というのがそれで、そのように言うと相手の人は事情がわかります。「感じる」というのは気持ちです。「遅くて悪かったね」というのがそれで、これで気持ちが伝わります。そのうえで、「これでいいかな」と「提案する」わけです。

　それでよければいいですし、否定されれば代案を出すようにします。「いや、これ大きさが違うからウチでは使えない」と言われたら、「あ、だったら明日買ってくるよ」と代案を提示するのです。こうしたことを少しだけでも意識して話すことができれば、事情や気持

図 1-4-11　みかんていいな

ちが伝わって、お互いに理解し合えるようになります。それが「み
かんていいな」です。

　私たちは、いつもみんなと気持ちが通じ合えるわけではありませ
ん。図1-4-12では、親しい人たちでも気持ちが通じないこともあり
ます。仲の良い若い二人が、「将来一緒にお店を持ちたいね」と話
しているときに、一人は蕎麦屋さんをイメージしています。でも、
もう一人がイメージしているのがカフェだったりします。
　そのときに「まあ、いいか」と思える"ほどほど感"も大事です。
「いつも仲良くしてないといけない」「なんでもわかり合えないとい
けない」と考えるとつらくなります。ここでは、仲のよい二人が一
緒に何かをするということが大切なのです。その大切なこと、つま

図1-4-12　カフェと蕎麦屋

り大目標を見失わないようにすることが大事です。南部町は、にんにくとさくらんぼが特産で、それを生かす形で認知行動療法の考え方を取り入れたチラシを作りました。簡易型認知行動療法を地域で活かした好事例として紹介さていただきました。

(2) 悩んでいる人を支えている人への関わり

　悩んでいる人の周囲にいる人たちに、悩んでいる人にどのように接するかを指導するときにも、まわりの人の考えに注目をしながら話をすると、わかってもらいやすくなります。

　うつ病のときには励まさないようにしよう、必要以上に気を遣いすぎないで腫れものに触るようにしないようにしよう、結論を急がないようにしよう、などと言われますが、心配しているのに何もしないというのは非常に難しいことです。励ましたり、気を遣いすぎたり、結論を急いだりするのは、その人が「なんとかしてあげたい」と考えているからです。決して悪気はないのです。

　そうしたときには、支援者が考えていることを実現するための具体的な手立てを考える方向で話を展開してみてください。「なんとかしてあげたい」「早く楽にしてあげたい」そういう考えに目を向けて、そのためには具体的にどうすればよいのかということを一緒に話し合うのです。

　このように、支援をしている周囲の人に、自分の考えに目を向けて、その考えをいかせるように対応策を考えてもらうようにすると、悩んでいる人にスムーズに接することができるようになってきます。

不安へのアプローチ

　不安症状に対しては一般に、エクスポージャー法やリラクゼーション法を使います。このあたりのことは、『不安症を治す―対人不安・パフォーマンス恐怖にもう苦しまない』（幻冬舎新書）で紹介しましたので、併せてご活用ください。強迫症状に対しては暴露反応妨害法を、境界性パーソナリティ障害の不安に対してはマインドフルネスや問題解決技法を中心とした弁証法的行動療法の技法を使い、トラウマ治療では持続エクスポージャー法（PE）や認知処理療法（CPT）などを使うなど病状に応じて使い分けていきます。

　ここでは、不安を和らげる目的でよく使われるエクスポージャー法について解説しておきます。エクスポージャー法というのは、患者を不安場面に暴露させて「不安に直面しても大丈夫なんだ」ということを学習させる方法です。つまり、不安を感じる状況で、すぐに不安を軽減させるような習慣的な行為や回避行動をさせずにしばらく我慢をして、「安全だ」という経験をするように手助けします。

　専門的には馴化（じゅんか）（habituation）と呼ばれますが、私たちは、不安に十分な時間暴露され、自然に不安が軽減することを経験すると、恐怖や不安場面に接する前や接しているときに感じる不安や恐怖が軽減し、回避行動をとらなくとも対処できるということを学習することができます。

　エクスポージャー法を行う場合には不安階層表を活用し、不安の程度を数値化します。数値化にはSUD（Subjective Units of Disturbance：自覚的障害単位）を用い、リストアップした恐怖場

面を低いものから順番にやっていく場合や中等度のものからやっていく場合、もしくは「フラディング」と呼ばれる最も高い場面から行う場合があります。最初は保健・医療スタッフなどとのロールプレイから導入し、徐々に現実場面に入っていくという方法をとることもあります。

ただ、そのときにあまり低いSUDから始めてしまうと容易に不安が消えてしまい、学習の実感が十分に体得できないことが指摘されています。下の表は、具体的な症例における不安階層表です。

不安階層表

- 10〜15の課題を書き出します
- できるだけ具体的に書き出すようにします
  時間帯、周囲の様子、誰かと一緒か、服薬、対処法など
- 不安の程度を評価します
  不安が最も強い状況を100、全くない状態を0
- SUDが0に近づくことを目標とします

【例】

100	快速急行に乗る	（ひとり：新百合ヶ丘 ― 新宿）
90	快速急行に乗る	（友人と：新百合ヶ丘 ― 新宿）
80	急行に乗る	（ひとり：ラッシュ時：登戸 ― 新宿）
75	急行に乗る	（ひとり：ラッシュ時：登戸 ― 新宿）
60	急行に乗る	（ひとり：昼間：登戸－新宿）
50	急行に乗る	（友人と：朝のラッシュ時：登戸－新宿）
40	急行に乗る	（友人と：夕のラッシュ時：登戸－新宿）
30	各駅停車に乗る	（ひとり：ラッシュ時：登戸－新宿）
25	急行に乗る	（友人と：昼間：登戸－新宿）
20	各駅停車に乗る	（ひとり：昼間：登戸－新宿）
10	駅のホームに立つ	（ひとり：新宿）
0	駅のホームに立つ	（誰かと：新宿）

表 1-4-11 不安階層表

人前で何かをしようとすると手が震えるという症例では、日曜日に近所で近隣の人と出会うという簡単に達成可能なレベルから、上司のいる企画会議で資料を提示しながら発表するという最も難易度が高く、本人にとって最も重要な目標までを患者と話し合いながらリストアップして、順番に実行していきます。
　エクスポージャー法を行う際に注意すべき点として、第一に、暴露時間の長さがあります。前述したように課題が容易で、暴露時間が短いと簡単に不安が消失するため、馴化が起こりにくいとされています。その結果、実際の社会状況では不安が強く表れ、症状が持続することになります。
　馴化を習得するには1時間程度の暴露が必要です。また、エクスポージャーの必要性、その実施方法や期待できる成果などが十分に理解できるように事前に心理教育を行うことも大切です。
　エクスポージャー法を行いながら破局的な認知の修正を行うことも効果を高めます。不安を強く感じている人は、危険を過大評価し、その危険に対する対応能力や自分の資質を過小評価しています。行動を通して経験的にそうした認知を修正することができれば、さらに不安が和らいでいきます。

　ここまで認知行動療法で使われるスキルについて説明してきました。認知行動療法では、マニュアルに沿って画一的にスキルを使うのではなく、相談者の性格や直面している問題を考慮に入れながら、柔軟にスキルを使い分けていくようにします。
　そのためには、導入部でアジェンダを決めていく段階で、症例（事例）の概念化も念頭に置きながら、どのようなスキルが役に立つかを考えて実施していきます。ゴルフで状況に応じてクラブや打ち方

を使い分けたり、野球のピッチャーが相手に応じて投げる球を選んだりするようなイメージです。そうすることで、問題に柔軟に対応できる相談者のこころの力が育っていきます。

　ただし、認知行動療法になじみの少ない保健・医療スタッフの場合には、こうした使い分けが難しい場合があります。そうした場合には、インターネットで認知行動療法活用サイト「こころのスキルアップ・トレーニング」を使うことで一定の効果が期待できることが報告されています。現在、人工知能のアプローチを活用して、問題に直面したときに自分の対処法を振り返り、より効果的に問題に対処するスキルを選択するのを手助けするプログラムも開発されています。
　これは、62頁で紹介した個人認知行動療法の導入部の大まかな流れをプログラム化したものです。こうしたプログラムは、悩みを抱えたり問題に苦しんだりしている人がセルフヘルプとして使うだけでなく、悩みをかかえた人を支援している保険・医療スタッフが自分のアプローチを自己チェックするなど、教育ツールとして使える可能性を秘めています。

第2部
簡易型認知行動療法を心身の健康生活にいかす

こころの健康教育に活用する

　定型的認知行動療法がうつ病や不安障害／不安症などの精神疾患に有効であることは様々に実証されてきていますが、人材の育成はなお時間が必要です。そうした状況の中、職域、地域、そして学校等で、簡易型認知行動療法が使われるようになってきました。簡易型認知行動療法は、すでに説明したように書籍やインターネットなども活用しながら、より多くの人が効果的な精神保健・医療サービスを受けられるようにすることを目的にしたもので、一人のユーザーに使用する専門家の数や時間を少なくしながら、効果的、効率的に認知行動療法を提供するためのアプローチです。

　そこで本章では、職域や地域、医療、学校における簡易型認知行動療法の活用可能性について探っていくことにします。

職域での活用

　図2-1-1は、職域でのこころの健康活動の概要を示したものです。この図で示したように、職域でのこころの健康活動では、精神的な不調に陥っていない労働者が健康に働き続けられることを目的とした予防研修や、ストレスチェック制度による高ストレス者への対応と職場改善が重要です。そのための対策としては、労働者個人が自分のこころの健康に目を向けてストレス対処をするセルフケアと、上司が部下のこころの健康に配慮するラインによるケアが中心にな

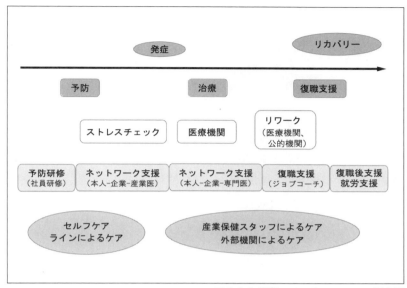

図 2-1-1 職場のメンタルヘルスの概念図

ってきます。

　しかし、そのような配慮をしても精神的な不調に陥る労働者は少なくありません。ちなみに、厚生労働省の研究班が行ったわが国の地域調査では、一生のうち一度、精神的不調のために医療機関を受診する必要がある人は4人から5人に1人にのぼります。このように精神的不調に陥る人が多いことを考えると、職域でもかなりの労働者が、職場の産業保健スタッフによる支援や医療機関でのケアを必要としていることが容易に推測できます。

　さらに、こうした支援をしても休業せざるを得なくなったり、離職してしまったりする人たちもいて、そうした人たちには復職支援や復職後支援、そして就労支援を行うことが重要になります。

　そこで次に、一次予防、ストレスチェック制度、復職支援と復職後支援、そして就労支援における簡易型認知行動療法の活用法につ

いて解説していくことにします。

・一次予防に活用する

　職場における精神疾患の一次予防は、個々の社員にとってはもちろんのこと、企業や社会にとっても重要な課題です。精神的な不調が引き起こす年間の推定生産性損失を見ると、休職（約465億円）や自殺（約7000億円）に比べて、出社はしているものの精神的不調のために医療機関で受診中で十分な業務パフォーマンスを発揮できていないプレゼンティーズム（presenteeism）に起因する生産性損失（約4兆3400億円）の方が圧倒的に高いことがわかっています（平成22年度障害者総合福祉推進事業、精神疾患の社会的コストの推計報告書、学校法人順天堂）。

　精神的不調をもちながら受診していない人まで含めると、プレゼンティーズムによる経済損失はさらに大幅に膨らむと推定され、その額の大きさを考えると、企業は職場のメンタルヘルス対策を、コストというよりも投資と考える必要があることがわかります。こうした精神的不調に関連した経済的損失の大きさは職域に限らず世界的に指摘されています。もちろん、精神的不調に苦しむ人の心理的苦悩はお金に換算できないほどに大きいものです。

　こうしたことから、職域や地域で社員や住民のストレス対処能力やこころの健康を高める目的で認知行動療法が使われる場面が増えてきています。最も導入が容易なのが、イントラネットに認知行動療法の解説動画をアップする方法です。そのために作った動画をSMN本書専用コーナーにアップしましたので参考にしてください。

　社員研修に認知行動療法の研修を組み込むことができればさらに効果的に一次予防活動を行えます。小島玲子氏らは、介入群（n=137）

と待機群（n=124）の計261名の一般社員を対象に認知行動療法が職場の抑うつ度への改善効果を検証した研究の成果について報告しています。介入グループには、ストレスおよび認知行動療法についての講義と認知再構成法に関する約3時間の体験的集団研修を行った後に、社員が実生活の中で新たに書き込んだ非機能的思考記録表（コラム）を3回、会社の保健スタッフにEメールで送付し、それに対して保健スタッフがコメントをつけて返送しました。

その結果、抑うつ度の自己評価尺度であるCES-D（Center for Epidemiologic Studies Depression Scale）が介入群で有意な改善が認められました。

さらに最近では、保健スタッフの負担を軽減するために、メール指導に代えてウェブを使った自己学習を用いた介入の効果を検証する研究が行われています。それは、小島玲子氏らの研究で用いた内容に類似した研修を120〜150分行い、その後、Eメール指導にかえて認知行動療法活用サイト「こころのスキルアップ・トレーニング（ここトレ）」を利用して認知再構成の自己学習を1カ月間行うというものです。それに加えて、「ここトレ」で毎週配信されているメルマガに、産業保健スタッフが独自のメッセージやコメントを書き込んで自己学習を促しました。こうすることで、社員と産業保健スタッフの距離を近づけ、その後の相談を促す効果が期待できることも期待してのことです。

木村理砂氏らは、ある上場企業で、職場の全社員213名を無作為に2群に分けて、介入群に対して上記の研修を行いました。介入群では、84名が120分の集団研修に参加し、そのうち79名が「ここトレ」による自己学習を行っています。

ITT分析を行った結果、仕事のパフォーマンスに関する自己評価

が介入群で有意に増加していました（1.47 vs. 0.69, 平均値差 0.78 [95% 信頼区間 {CI}, 0.05 to 1.51], Cohen's d = 0.31）。このほか、認知の柔軟性が増す可能性も示されました。この研究で特徴的なのは、抑うつ不安尺度のK6が4点以下の、心の不調に陥っていない人たちに対して行った介入で、こうした効果が認められた点です。

別の上場企業では、森まき子氏が職場の全社員187名を無作為に2群に分けた介入を行い効果を検証しました。介入群には150分の集団研修が行われ、その後1カ月間「ここトレ」を用いた自己学習を課すというプログラムです。その結果ですが、介入前にK6の評点が5点以上の、軽度の抑うつ不安が認められた人たち、約50人を抜き出して検討したところ、研修終了直後と6ヶ月後ともに有意な改善が認められました。さらに、研修終了6カ月後のフォローアップ調査には、集団研修を受けただけで「ここトレ」による自己学習を行っていなかった群に比べて、「ここトレ」による自己学習を行った群で明らかな改善の持続効果が認められたのです。

K6得点が4点以下の心の不調に陥っていない人たちを対象とした介入ではパフォーマンスの自己評価の有意な上昇が認められ、K6得点が5点以上の軽度の抑うつ不安状態にある労働者を対象にした介入ではインターネット支援型認知行動療法を活用して自己学習を継続した群で改善が持続していました。同様の成果は、高校の教員を対象とした研究でも得られています。

こうした研究成果からも、プレゼンティーズムの改善と職場のパフォーマンスの向上、およびアブセンティーズム予防のために、コンピュータを活用した簡易型認知行動療法研修が有用であることがわかります。

ただ、こうした介入は、精神的な不調を自覚していない人を対象

にするだけに、モチベーションを高めることが課題になります。そこで、上記の研究では、「ここトレ」で毎週末配信されているメルマガに保健スタッフがメッセージを追記して配信してモチベーションを高めるなどの工夫を行いました。

・職域におけるメンタルヘルス教育の実際
　次に、職場における「こころのスキルアップ研修」の進め方の例を紹介します。

実施者：産業保健スタッフ
　一人でも可能ですが、他の保健スタッフや事情のわかっている社員にグループワークのファシリテーターとして参加してもらうと研修がより活性化します。
参加者：一般社員
　高ストレス者だけに声をかけることもできますが、それだと参加することに抵抗感を持つ社員が多い可能性があるので、職場全員に参加してもらうようにした方が良いでしょう。
参加人数
　30〜40名くらいだと実施しやすいでしょう。グループディスカッションは、4〜5名の小グループに分けて行います。
事前課題
　とくに事前課題を出す必要はありませんが、認知行動療法の簡単な解説資料や解説動画を観てきてもらっても良いでしょう。解説動画（アニメーション）はSMN本書専用コーナーで視聴できますし、DVD（有料）でも入手可能です。有料で企業等のイントラネットにアップすることも可能です。

実施時間

90〜120分（業務への影響を最小限に抑えるように配慮します）

SMN本書専用コーナーにアップされている解説資料「こころのスキルアップ・プログラム」のパワーポイントから必要なものを選んで解説しながら、グループワークで体験学習ができるように行います。

このとき、グループワークのファシリテーターとして、これまで研修を受けた経験のある社員や上司に参加してもらうこ、社内でのコミュニケーションがスムーズにいくようになります。トヨタ自動車では成長モデルを組み込んだ一連の社員研修でこうした仕組みを取り入れて成果を上げていると、統括精神科医の奥山真司氏が（一社）精神科産業医協会の研修会で発表して、注目を集めていました。同様に地域で行う場合も、研修を受けた経験のある住民にファシリテーターとして参加してもらうと良いでしょう。

時間配分と説明のポイント（時間は参考値です）

1) ストレスについて説明する（5分）

最初に、ストレスについて簡単に説明します。ストレスに、心身に好ましくない反応を引き起こす悪玉ストレス（ディストレス）と、集中力やパフォーマンスを上げる善玉ストレス（ユーストレス）があることを説明するとわかりやすいでしょう。

ディストレス：
ストレスがたまるとこころの元気がなくなって、辛い気持ちを感じるようになってきます。自律神経やホルモンのバランスが乱れ、免疫の働きが落ちてくるなど、肉体的にも元気がなくな

ってきます。こうした反応はこころやと体に問題が起きているということを知らせるアラーム（警報器）です。ですから、こうしたアラームに気づいたときには、立ち止まって何が問題かを考える必要があると説明し、その手段として認知行動療法が役立つことを伝えます。

ユーストレス：
私たちは、何のストレスも感じない状況ではパフォーマンスが上がらず、ほどほどに緊張しているときに集中力やパフォーマンスが高まることを説明します。このとき、『マンガでわかりやすいストレス・マネジメント』（きずな出版）でも取り上げた"ヤーキーズ・ドットソン曲線"と呼ばれる放物線状のグラフを紹介しながら説明するとわかりやすいでしょう（図2-1-2）。

このグラフは、心理学者のロバート・ヤーキーズとJ・D・ドッ

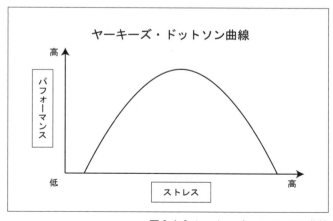

図 2-1-2 ヤーキーズ・ドットソン曲線

トソンが実証した"ヤーキーズ・ドットソンの法則"と呼ばれる、学習やパフォーマンスに関する法則を図示したものです。元々の実験はネズミを使って行われたもので、黒と白の目印を区別するのに失敗したときに流れる電気ショックの強さによって正答率が変化し、適度な強さのときに最も正答率が高くなることがわかりました。

　この結果は人間にもあてはめることができるとされていて、ストレスが適度にある時にパフォーマンスは最も高くなり、ストレスが低すぎたり高すぎたりするとパフォーマンスが低下します。これが"ヤーキース・ドットソンの法則"です。

　ほどほどのストレスがどの程度なのかは、個人差があります。また、課題の難易度によってもその程度は変わってきます。課題がやさしいときには強い刺激で覚醒状態が高い状態で臨む方が良く、課題が難しいときには刺激や覚醒状態が低いリラックスした状態で臨む方がパフォーマンスを発揮しやすいとされています。

2)　認知行動療法について説明する（10分）
　認知行動療法の説明のポイントを以下に挙げます。
- a. 認知というのはこころの情報処理過程であり、私たちの気持ち（感情）や行動は認知の影響を受ける。
- b. マイナス思考や問題行動は自分を守るために必要だが、そのためにかえって自分を苦しめる可能性がある。
- c. そうしたときにもう一度現実に目を向けて何が起きているかを冷静に振り返り、具体的な問題に前向きに取り組めるこころの状態を作り出す。
- d. 認知再構成法（コラム法）、行動活性化、問題解決技法の解説。

e. こうしたストレス対処法を身につけることで、メンタルヘルス不調を防げるだけでなく、パフォーマンスを上げることができる。

　ここではまず、気持ちが揺れるような出来事を体験しているときには、自分を守るために良くない面に目を向けがちだということを例を挙げて紹介するとわかりやすいでしょう。
　私はよく、アーロン・ベックが認知行動療法の本を出版したいと考えて原稿を出版社に持ち込んだ際の出来事をご紹介します。編集者から「おもしろい内容だったので一晩で原稿を読んだが、考え方に目を向けるという簡単な方法で気持ちが軽くなるとは考えられないので出版することはできない」と言われたき、ベックは当初、断られたという事実に目を向けて落ち込んだと言います。そうすると「おもしろい内容だったので一晩で原稿を読んだ」という事実がまったく目に入らなくなります。
　"認知の偏り"というと現実を歪(ゆが)めて受け取っていると考えられることがありますが、実際にはこのように現実に起きていることの一部だけに目を向けていることを意味します。このときに"断られた"という問題はあるのですから、それにはきちんと目を向けて対応する必要があります。
　なお、このときの原稿はその後、『認知療法：精神療法の新しい発展』（岩崎学術出版社）として出版され、多くの人に読まれることになりました。そして、認知行動療法の効果が実証され、世界的に活用されることになったことから、アーロン・ベックは米国のノーベル賞と呼ばれるラスカー賞（臨床部門）を受賞し、ノーベル賞の候補にもなりました。

ここで、研修を実施している各施設や地域でよく見られる固有の問題を取り上げても良いでしょう。

3)　7コラム（ないしは5コラム）を使った前向きな考え方について説明する（10分）
　　a.　書き出すことで、自分の考えや行動を客観的に見ることができるようになることを伝えます。
　　b.　「状況・感情・思考」を書き込むことで「考えていることが必ずしも現実と同じではない」ことを伝えます。
　　c.　「根拠・反証」を書き込むことで、現実に起きていることを客観的に振り返るようにします。ここでは、良いか悪いかと言った抽象的な内容を話し合うのではなく、現実に何が起きたか、良いことも良くないこともすべて書き出すように勧めます。
　　d.　現実を冷静に振り返ることで、問題点だけでなく自分の力や長所も認識し、次につながる工夫ができる考え方ができるようになるように導きます。適応的な思考というのは、問題がないと楽観的に考えるのではなく、問題は問題として認識したうえで上手に自分の力を使いながら問題に対処する工夫ができるようになる考えだということを伝えます。
　　（補）ここでは、①「ホットな思考」と呼ばれる動揺した気持ちに最も影響している考えに目を向けることと、②現実に目を向けて情報（根拠と反証）を集めること（7コラムの場合）、そして③次につながる考えを案出すること、の3つのポイントに重点をおいて説明するようにしましょう。

4) 典型例を使って7コラム（ないしは5コラム）への記入練習を行う（25分）
   a. 「出来事・感情・体調・考え」を記入した典型例を提示して、最初の3コラムを記入してもらいます。
   b. 小グループに分かれて、考え方を整理して次につながる工夫を案出してもらいます。7コラムを使う場合には、想定できる「根拠」と「反証」を考えてもらいます。

5) 個人の体験を使って7コラム（ないしは5コラム）への記入練習を行う（30分）
   a. 参加者が自分の困った状況を想定して7コラム（ないしは5コラム）を書き出してもらいます。ただし、深刻な課題を書くとそのときのことを思い出して落ち込むことがあるので、あまり深刻でない課題にするように言っておくとよいでしょう。同時に、忘れることも大切なこころの力だと伝えます。
   b. 困った状況でなく、うまく問題解決できた成功場面を書き込むように勧める方法もあります。
   c. 根拠と反証を考えるところで行きづまる人が少なからずいます。そのような可能性が考えられるときには、根拠と反証を入れない5コラムを使うと良いでしょう。その場合は、考えが必ずしも現実ではないということと、自動思考に代わる可能性を考えるということを強調するようにします。

6) 集団で振り返りを行う（10分）。

7) 認知行動療法活用サイト「こころのスキルアッ・トレーニング（ここトレ）」を紹介して、質問を受ける（10分）

【研修後の自己学習】

　前述したように、研修後の自己学習のツールとして認知行動療法活用サイト「こころのスキルアップ・トレーニング（ここトレ）」を活用すると効率的に研修を進めることができます。そのとき、参加者がサイトを利用できるような仕組みを導入することに加えて、「ここトレ」で毎週配信されているメルマガに保健スタッフがメッセージを追記して配信し、社員のこころの健康への関心を高めるなどの工夫も役に立ちます。

　（注）SMN本書専用コーナーに研修で使える解説付パワーポイント「ストレスとこころの健康」をアップしましたので、ご活用ください。認知行動療法と7コラムについての説明は、同じく本書専用コーナーにアップしている解説資料「こころのスキルアップ・プログラム」とパワーポイントファイルを利用してください。

　研修の具体的な進め方については、中高生向けの授業案が載っている『こころのスキルアップ教育の理論と実践』（大野・中野監修、大修館書店）を参考にしていただいても良いでしょう。この本には、中高生向けの授業ではありますが、実際の講習風景がDVDにおさめられています。

・ストレスチェック制度との関連で活用する

　職場でのストレスチェック制度が2015年12月から義務化されました。質問紙形式のストレス評価の質問紙に答えて高ストレスと判定された社員が申し出れば、事業者は産業医などの医師の面談を受

けられるように手配し、その医師の判断に沿ってしかるべき対応をするという仕組みになっています。

　労働者のこころの健康を守るという意味でストレスチェック制度は有意義ですが、問題が多い仕組みでもあります。ストレスチェックの質問紙は、仕事の質と量、人的サポートといったストレス要因と、ストレス緩衝（かんしょう）要因としての人間関係、そして心身の反応として現れるストレス反応から構成されています。しかし、他のストレス判定用の質問紙と同じで、その精度は必ずしも高くありません。

　ストレスチェック制度で問題になるのは、高ストレスと判定された社員の自己申告制と産業医の対応能力です。自己申告制について言えば、今の日本の職場で高ストレスであると判定されて事業者に名乗り出る社員は多くありません。ですから、保健スタッフは、社員が事業者に名乗り出なくても通常の産業保健相談の流れの中で相談できる仕組みをきちんと作っておく必要があります。

　ストレスチェック制度などで高ストレス状態にあると判定された労働者が思い切って申告したとしても、その社員に面接をする産業医が適切に対応できるかどうかも疑問です。これまでの医学教育でそうした精神保健教育がほとんど行われてきていなかったことを考えると、産業医がストレス対策や精神医学に関する十分な知識を持ち合わせていないこともありえます。

　だからといって、外部にストレスチェックを委託した場合、そこで面接をする産業医は企業の内情がわからず、適切な判断ができる可能性は低いと考えられます。また、高ストレス者のその後のフォローも不十分になる可能性が高くなります。

　そうした状況を考えると、医師だけではなく、保健スタッフが簡易型認知行動療法のアプローチを身につけて、通常の産業保健業務

を行ったり、産業医の高ストレス者面談のサポートをしたり、高ストレス者のフォローアップを行うなど、チームによる「面」の支援の仕組み作りが必要になってきます。

　こうした「面」での支援は、職域に限らず、地域や医療でも同じように大切です。その際に認知行動療法のスキルが役に立つことから、ストレスマネジメントネットワーク（株）(http://stress-management.co.jp/）では、多領域で簡易型認知行動療法を活用して活動できる能力を持った人材を育成するための教育を行っています。そこでは、認知行動療法に関する基礎的な知識を習得する1日ないしは2日の研修会と、困ったケースを持ち寄って話し合うケース検討会などの研修の機会を提供しています。

　研修会は、面接動画やロールプレイを多用することで体験的に認知行動療法の知識が身につくようにプログラムされています。

　また、ケース検討会は、定型的な認知行動療法だけでなく、通常の活動の中で出会った相談者の支援方法についての検討などについて話し合って、幅広い課題に認知行動療法的アプローチを活用する力を育てる内容になっています。

・復職支援と復職後支援、そして就労支援で活用する

　休職者に対しては、復職前の支援、いわゆるリワークが行われます。リワークは、企業内でシステムを使う場合もあれば、障害者職業支援センターなどの公的機関や「うつ病リワーク研究会」に所属する医療機関など企業外のシステムを使う場合もあるなど様々ですが、その中でも認知行動療法が広く使われています。

　さらに最近では、復職後の再発予防の必要性が指摘されるようになっています。復職支援プログラムをしたにもかかわらず復職後に再休職する会社員が少なくないからです。そうした社員に対しては、復職後に認知行動療法のスキルを身につけさせるような介入が効果的である可能性が考えられますが、それを実施するには職場の産業保健スタッフのマンパワーが不足しています。

　そこで私たちは、現在、認知行動療法の導入や疑問点への助言をスタッフが行い、認知行動療法のスキルの習得は「こころのスキルアップ・トレーニング（ここトレ）」などのウェブによる自主学習を通して行うというモデルを用いて、再発予防効果の研究を始めています。また、ITを外来で活用して効果を実証した研究成果も報告され始めています。活用法の実際については、151頁のコラムを参照してください。

　このように、人が介在しなくてもできるところはITを活用する一方で、その方法を紹介したり、疑問点に答えたり、支援者のネットワークを構築したりするなど、人の支援が必要なところに人材を投入することによって、効率的な支援が可能になってきます。

　その他、改正障害者雇用促進法が2018年4月に施行されると、精神疾患を持つ人の雇用にも影響が出てきます。その際に、「NPO法人大阪精神障害者就労支援ネットワーク」（JSN）の活動は注目に

値します。これは精神科の協力を得ながら精神障害者の就労支援を行っている組織で、精神疾患を持ちながら働いている人と職場の上司、そして就労定着支援者（ジョブコーチ）がネットを活用した就労定着支援システムSPISというプログラムを用いて就労状況や精神状態をモニターしながら就労継続を支援していて、非常に高い就業継続率を達成している点に特長があります。また、このJSNの活動を引き受ける事業所側の組織として「特定非営利活動法人全国精神障害者就労支援事業所連合会」（Vfoster）などがあります。

　SPISというのは、カスタマイズ可能なネット上の日報システムで、利用者の特性に合わせて項目を決め、自分の就業状況を記入しモニターできるようになっています。評価項目には、「気分や健康状態が気になる」などの生活面の項目、「他人と会話を行えた」などの社会面の項目、「作業は集中して取り組めた」などの作業面の項目などがあり、自分で項目を追加することもできます。また、上司など企業の担当者が書き込むコーナーも用意されています。

　こうした記録を残すことによって、利用者は精神状態を自己チェックしてコントロールすることができるようになります。このように利用者や企業の担当者が書き込んだデータをお互いに共有することによって、コミュニケーションがスムーズになり、利用者が適切な支援を受けられるようになり、就労継続率が高くなるという成果が得られます。

> **コラム** インターネット支援型個人認知行動療法の活用

　インターネット支援型認知行動療法は、働く人や地域住民のこころの健康を守り高めるために集団教育で活用できる可能性があるだけでなく、ストレスチェックで高ストレス者と判定された労働者への面接や、復職支援や復職後支援、就労支援でも活用できます。インターネット支援型認知行動療法はまた、医療場面では、認知行動療法初心者でも一定の治療効果が期待できますし、遠隔医療でも利用できる可能性があります。

　しかも、こうした面接を行うことで、相談者は認知行動療法をいかしたストレス対処能力を身につけることができることから、治療的にも再発予防という観点からも今後ますます重要な位置を占めるようになってくると考えられます。

　そこで、第1部第1章で紹介した認知行動療法活用サイト「こころのスキルアップ・トレーニング（ここトレ）」を活用する試みについて紹介します。東芝の産業医でもある産業医科大学の宇都宮健輔氏や国立精神・神経医療研究センター認知行動療法センターの加藤典子氏は、「こころのスキルアップ・トレーニング（ここトレ）」を活用した認知行動療法を復職後の再休職予防（労災疾病臨床研究事業補助金「職域のうつ病回復モデル開発に関する研究」）やストレスチェック後の高ストレス者のフォロー（AMED障害者対策総合研究開発事業）で用いた場合の効果研究を続けています。

　その概要を図2-1-3（155頁）に示しました。初回（導入）と最終回（まとめ）以外は、セッションの導入パートで保健・医療スタッフが振り返りと導入を簡単に行った後、社員が一人でサイトを使って、その回の課題に取り組み、最後にスタッフが相談者か

ら役に立った部分や疑問点をフィードバックしてもらってセッションを終えます。具体的な内容については、SMN本書専用コーナーの「参加者用ガイド」と「治療者用マニュアル」を参考にしてください。

　このように、インターネット支援型認知行動療法は職域で活用できる可能性が高いのですが、医療場面での個人認知行動療法を効率的に進めるためにも使うことができることを示す研究成果も発表されています。

　中川敦夫氏や中尾重嗣氏らは、外来のうつ病治療で「こころのスキルアップ・トレーニング（ここトレ）」を利用した無作為化比較試験を行い、その成果を第8回 World Congress of Behavioural and Cognitive Therapiesと第16回日本認知療法・認知行動療法学会に報告しています。それによると、参加に同意した患者のHAMD-17の12週後のスコアは介入群9.4点、待機群15.5点で、統計学上有意な差が認められています（p = 0.02）。重篤な有害事象は報告されていません。

　こうした成果を受けて、現在「ここトレ」はスマートフォン化が進められ、日本調剤（株）の「お薬手帳プラス」などの電子お薬手帳と連携したり、周産期や子育て中の女性や一人暮らしの高齢者など孤立しがちな人たちへの活用可能性を検証したりするなど、新しい試みを続けています。

　本稿で紹介した取り組み事例からもわかるように、ITは認知行動療法を補助する極めて有力な手段ですが、ITを活用した介入を行う際には実施者と相談者の人間的関わりも大切です。今後は、人間的関わりを大切にしながら、定型的な部分は人工知能やITを活用するなどの効率的な取り組みが広がっていくことが期待されます。

簡易型認知行動療法プログラム

◆ **プログラムの目的**
このプログラムは、認知行動療法のサイト「こころのスキルアップ・トレーニング」のコンテンツを使用して、セルフケアのスキルを高めることを目的としています。

◆ プログラムの構成（全6回）

	テーマ	内容
第1回	認知行動療法とは	認知行動療法について理解する。
第2回	考えの根拠・反証を挙げる	行動活性化のスキルを身につける。
第3回	状況・気持ち・考えを整理する	状況を振り返り、自動思考をつかまえる。
第4回	適応的思考を作り出す	現実を見直して、考えを柔軟に切り替える。
第5回	問題を上手に解決する	問題解決のスキルを身につける。
第6回	気持や考えを上手に伝える	コミュニケーションスキルを身につける。

◆ プログラムの毎回の流れ（1回40分程度）

```
本日のワークの説明（10分）
1週間の調子とホームワークの共有
          ↓
セルフワークの実施（20分）
          ↓
ワーク内容の確認・共有と
ホームワークの設定（10分）
```

このプログラムは、1回30分程度で、「こころのスキルアップトレーニング」のコンテンツを使ったセルフワークを中心に進んでいきます。しかし、毎回の最初と最後の10分間には、プログラム担当者が同席をして調子の確認とワークの解説を行います。プログラムについて疑問などありましたら、担当者までお気軽にご相談ください。

また、セッションとセッションの間には、スキルを日常生活に応用するためのワークが設定されています。これをホームワーク（HW）と呼びます。プログラムの効果をあげるうえで、HWは非常に重要ですので、毎回必ず実施しましょう。

図 2-1-3 簡易型認知行動療法プログラム

医療機関での活用

　これまで書いてきたような予防的取り組みをしていても、精神疾患のために医療機関を受診しなくてはならない人が出るのは避けられません。そうした人たちは医療機関で治療を受けることになりますが、医療機関の選択に迷う人から質問を受けることがよくあります。そのときに、私は、受診時に次の3点をチェックすることを勧めています。
　① 相性が良い：
　　　主治医との相性が良い場合、治療効果が高まることが期待できます。
　② 相談や質問に的確に答えてもらえる：
　　　精神科医療機関の数に比較して受診者数が不足している現状で時間をかけて診療できない施設が大半です。しかし、短時間でも話に耳を傾け、わかりやすく説明してもらえると安心できます。
　③ 一度に多くの薬を処方しない：
　　　多剤大量処方に対する認識が高まってきましたが、いまなお一度に多くの薬を処方する精神科医がいます。ひとつの効能の薬剤を一種類から処方する単剤処方を基本としている医師を選ぶように勧めます。また、薬剤の効用や副作用についてわかりやすく簡潔に説明してもらえる医師は安心できます。
　このほか、医療機関を受診する場合、患者側の評価の情報があると助かります。そうしたことから、NPO法人精神保健福祉機構（コ

ンボ）がユーザーの立場に立った医療機関評価を行い、会員に情報を提供する活動を始めました。幸い好評価の医療期間は多いのですが、この評価は単に良いか悪いかではなく、どうした点が良くてどうした点に課題があるか、20項目近くをチェックするようになっている点に特長があります。また、評価の対象となった医療機関も会員になれば意見を書き込めるようになっています。このようなユーザーによる医療機関評価はわが国では珍しくマスコミでも話題になりましたが、英国などではすでに行われていて珍しいことではありません。

近年は、ユーザーが、薬物療法だけではなく認知行動療法などの心理社会的治療を希望することが多くなり、2010年には熟練した医師によるうつ病の認知療法・認知行動療法が診療報酬に収載されました。しかし、すでに書いたように定型的に行動療法を提供できる治療者を育てるには時間や費用がかかるため、定型的認知行動療法を希望者に十分提供できていない状況が続いています。

こうした状況を考えると、医療の現場でも、定型的認知行動療法だけでなく、通常診療のなかで簡易型認知行動療法を提供することを検討する必要があります。すでに米国（＊1-6）でも、短時間の認知行動療法を精神科の外来で活用する可能性が探られています。

一般外来で認知行動療法的なアプローチを実施する場合、私は、アジェンダ設定とソクラテス的質問法、ホームワークなどの認知行動療法のアプローチが有用であると考えています。

通常の診療では、薬物療法を適切に提供しアドヒアランスを高めるためにも認知行動療法的アプローチを活用することができます。そのひとつが、薬物療法に対する認知を話題にする方法です。患者は、薬物療法を勧められると、「すぐに楽になれる」と過剰な期待

を持ったり、「本当に効くのだろうか」「副作用は大丈夫だろうか」と不安になったりします。

　下記は、「自分は弱い人間だ」というスキーマの影響もあって、「薬に頼らないといけないなんて情けない人間だ」と考えた患者の例を図示したものです（図2-1-4）。そうすると、「つらい」「情けない」という気持ちが強くなり、倦怠感(けんたい)が強まり、副作用に過敏に反応するようになります。そして、当然のことながら、薬物療法へのアドヒアランスが低下します。

　そうしたときに、薬物療法に対する患者の認知について話し合い、適切な情報を提供することができれば、薬物療法へのアドヒアランスが高まります。そして疑問に思うことについて患者が率直に話せるようになって治療関係が安定し、薬物療法の効果が高まります。

　服薬習慣を安定させるためには、表に示した行動的アプローチも

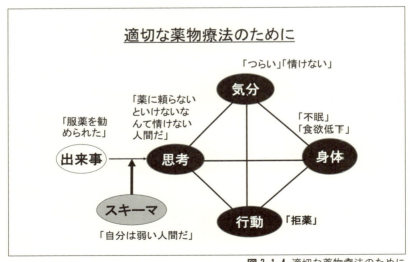

図 2-1-4　適切な薬物療法のために

役に立ちます（表2-1-1）。これは、ほとんど意識しないで行っている服薬行動を意識することによって服薬習慣を安定させようとする試みです。それには、活動記録表を用いたセルフモニタリング、日常活動と組み合わせた服薬チェック・システム、正しく服薬するためのプラスの強化、複雑でない服薬計画、心理教育などがあります。こうした認知行動的アプローチは、処方する医師だけでなく、保健・医療スタッフも活用できます。

薬物療法と認知行動療法
〜好ましい服薬習慣を築くためのテクニック〜

◆セルフ・モニタリング
　──活動記録表：服薬し忘れそうになった頻度
　──効果と副作用
◆服薬チェック・システム
　──ローテク(覚え書きカード)、ハイテク(携帯のアラーム)
　──日常活動との組み合わせ
◆正しく服薬するためのプラスの強化
　──服薬の後好きなテレビを見る
◆複雑でない服薬計画：服薬回数と錠数を少なく
◆心理教育

「認知行動療法・薬物療法併用ガイドブック」(ドナ・スダック、金剛出版)

表 2-1-1 薬物療法と認知行動療法

　この他に、医療場面では、短期間の認知行動療法の教育入院を活用することも可能です。教育入院に関しては、第10回日本うつ病学会総会では、桶狭間病院の田中伸明氏が、「軽症うつ病に対するCBT教育入院クリニカルパスの実施とその可能性」と題して教育入院の意義と今後の課題について報告しています。

桶狭間病院のCBT教育入院クリニカルパスは、外来個人認知行動療法の前に基本的な5つの技術（セルフアセスメント・行動活性化・問題解決・アサーション・認知再構成法）をそれぞれ一コマずつ、2週間の教育入院中に集中的に学ぶものです。認知行動療法の講義は心理士や看護師が担当します。
　クリニカルパスは認知行動技法の集団心理教育だけでなく、看護師による生活面のケア、作業療法士による集団作業療法、精神保健福祉士による社会資源の説明と環境調整も含む多面的な内容になっています。そのために、パスは横軸に時間、縦軸に職種、それらの交点に各種治療・検査・ケア項目を並べるなど、多職種連携をスムーズにする工夫がなされています。
　このプログラムの対象になったのは、おもに中高年層の軽症うつ状態の患者でしたが、教育入院を通して学んだことを外来認知行動療法でいかせるとポジティブに自己評価できるようになっていたといいます。また、このクリニカルパスが多職種のケアが含まれていることが症状緩和に役立っている可能性も示唆されました。
　さらに、入院中の教育内容を広げることによってうつ病以外の患者に心理教育を行う可能性、経験の少ない認知行動療法治療者を補完する役割、病院スタッフ全体に認知行動療法を体験してもらえる機会を提供できる可能性、そして入院施設のない外来診療所と病診連携できる可能性なども明らかになったといいます。
　同様のアプローチは通常の外来診療でも提供可能です。NPO法人北海道認知行動療法センターの代表で北大通こころのクリニックの北川信樹氏は、外来で認知行動療法の集団心理教育を行い、その内容をいかしながら通常の外来診療を行って診療の質を高める工夫をしています。

地域での活用

　地域の精神保健活動で簡易型認知行動療法を活用した好事例としては、2005年度から5年間にわたって行われた厚生労働省の大型研究『自殺対策のための戦略研究』があります（大野裕他：「複合的自殺対策プログラムの自殺企図予防効果に関する地域介入研究NOCOMIT-J」を終了して：研究成果と今後の課題、ストレス科学29（1）、1－17、2014）。これは、2005度年度から5年間実施された厚生労働科学研究費補助金による大型研究事業で、それまで各地で行われてきた自殺対策にかかわる介入の効果を科学的に検証することを目的として行われました。

　その結果、本研究で用いた複合的自殺予防対策プログラムは実施可能性が高く、自殺死亡率が長年にわたって高率な地域の男性群と65才以上の高齢者群では強い予防効果が得られることが明らかになりました。その中で大野は「複合的自殺対策プログラムの自殺企図予防効果に関する地域介入研究NOCOMIT-J」を担当してコミュニティの再構築を軸として活動を展開し、その中に簡易型認知行動療法を組み込みました。自殺対策では、自ら命を絶つことが唯一の解決策であるという思いこみを修正し、様々な支援を活用する力を育て、将来への希望をもてるように手助けすることが大切だからです。

　この活動の成果をもとに、大野は、東日本大震災後に宮城県女川町の職員や住民と一緒にこころの健康教育を継続して行って成果を上げています（大野裕：軽症うつ病に対する認知行動療法プログラムの開発、平成24年度厚生労働科学研究費補助金障害者対策総合研究事業（精神障害者分野）東日本大震災における精神疾患の実態

についての疫学的調査と効果的な介入方法の開発についての研究報告書、61-81、2013.3.31）。

　女川町は、南三陸金華山国定公園地域に指定される美しい漁港町ですが、平成23年3月11日の東日本大震災のために住民の約1割が死亡または行方不明となり、家屋（かおく）の約75％が全半壊しました。また、津波によって地域保健の拠点である保健センターも全壊し、健診等のすべてのデータが津波により流失しました。そこで、女川町では、ポピュレーションアプローチを基礎にした新たな精神保健活動のシステム構築を目指すことになりました。そして、平成23年11月、「女川町こころとからだとくらしの相談センター」を町の拠点に据（す）え、町全体を8地区に分けて「サブセンター」を設置し、包括的な支援を行う仕組みを整えました（図2-1-5）。

　「こころとからだとくらしの健康相談センター」には、総合的な

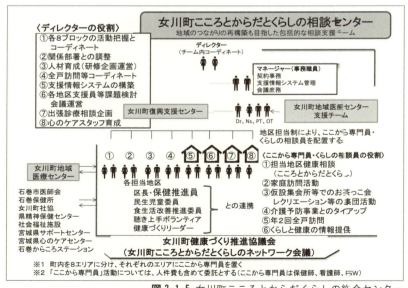

図 2-1-5　女川町こころとからだくらしの総合センター

コーディネーターの役割や人材育成などを担う保健師を配置し、サブセンターには「こころとからだの専門員」として、保健師、看護師、保育士および介護支援専門員などの資格をもつ専門職を置き、担当地区の健康相談や家庭訪問活動、仮設集会所などで開催するレクリエーション等の集団活動、介護予防事業をタイアップした活動、くらしと健康の情報提供などに従事してもらうことにしました。また、女川町社会福祉協議会からは「くらしの相談員」を各サブセンターに配置し、総合的な相談に対応できる体制を整えました。

　その中で大野らは、平成23年7月から、保健師の佐藤由理氏らが行っている支援者の人材育成に協力し、認知行動療法の視点を織り交ぜた研修プログラムの作成や実施に協力してきました。また、住民同士のソーシャルネットワークを作り、つながりの中で支え合う環境づくりを目指して、「聴き上手（傾聴）ボランティア」の育成にも携わり、聴き上手ボランティアによる紙芝居「海猫太郎」の上演とコラボする形で認知行動療法の住民向け心理教育を行っています。

　「海猫太郎」は鹿児島県伊集院保健所の所長だった宇田英典氏らが自殺対策で作成した紙芝居「うつになったタヌキ」をもとに作成したもので、妻を亡くした後にうつ状態に陥った高齢の海猫が立ち直っていく様子が描かれています。そこで大野は、紙芝居が上演された後に、認知行動療法の視点から立ち直りのプロセスを説明し、認知再構成法や行動活性化などの認知行動療法のスキルを使ったストレス対処法をわかりやすく解説していきます。

　この他にも、大野が国立精神・神経医療研究センター認知行動療法センターのセンター長時代に田島美幸氏らとともに行った一般住民教育を活用した認知行動療法教育を、東日本大震災後に上田一気氏や松本和紀氏らが宮城県で行った活動が第15回日本認知療法・

認知行動療法学会で報告されています。これは、①認知行動療法について、②行動活性化、③認知再構成法、④問題解決技法、⑤コミュニケーションスキルのプログラムを各2時間ずつロールプレイを交えて体験的に学習してもらうというものです。

　上田氏らは、18歳以上79歳以下の宮城県内の61名の一般住民をランダムに、介入群31名、対照群（待機群）30名の2群に割り付けました。介入群の人たちに対しては、全体で4回のプログラムを週1回、4週にわたって実施しました。評価尺度は、特性的自己効力感尺度（Self-Efficacy Scale; SES）、自動思考質問票（Automatic Thoughts Questionnaire-Revised; ATQ-R）、K6（Kessler's 6; K6）、GHQ精神健康調査票（GHQ-30）、および主観的なストレスや研修内容の理解度等に関するオリジナルの質問項目です。

　解析の結果、ATQ-Rの肯定的自動思考で有意な交互作用が認められ、この研修プログラムが被災地の一般市民の肯定的な自動思考の向上に有効であることが示されました。また、オリジナルの質問項目で主観的なストレスが高まることが示されましたが、評価尺度であるK6およびGHQ-30で精神健康は悪化しておらず、研修を通じて心理的ストレスについての自覚が高まった可能性があると報告しています。

　（一般の方向けのコミュニケーション研修資料をSMN本書専用コーナーにアップしてありますのでご活用ください）

教育現場での活用

教育領域では全国の教師を中心に構成されている認知行動療法教育研究会（http://www.cbt-education.org/）（代表：大野裕）が小学校高学年から大学までの授業の中で認知行動療法を活用した「こころのスキルアップ教育」を実践しています（＊1-5）。

「こころのスキルアップ教育」は、「認知」に目を向けることで、生徒や学生のレジリエンスや問題解決力を高めていく授業指導プログラムです。

具体的には、「悩みを乗り越えていくための方法」や問題解決に向かって「行動を選択していく方法」、あるいは、他者に「自分の気持ちを素直に伝える方法」などを学べるようにプログラムされています（表2-1-2）。このように物事の捉え方や行動の起し方のプロセスを具体的に示した教育指導案（表2-1-3）は画期的なものです。

思考力・判断力・表現力を身につける具体的なプロセスを、体験を通して学ぶことができるのも特徴の一つで、国が進めようとしている体験学習そのものです。授業指導案ではグループワークが積極的に用いられ、アクティブラーニングを活用した授業展開になっています。

しかも、「こころのスキルアップ教育」はパソコンやスマートフォンのサイトを活用してそのスキルを練習することができます。次期教育改革の中で求められるICT教育に結び付けながら、その効果を高めることができるのです。

こころのスキルアップ教育プログラムの内容構成

単元	No	タイトル	本時の課題	配当時間
【1】こころを整理するスキル	1	できごと・考え・気分をつかまえる	・気分は考えによって影響されることについて、みんなで話し合おう。	1
	2	友達の悩みを整理する①	・友達の悩みを「できごと」「考え」「気分」に整理して、他の考えができないかみんなで話し合おう。	1
	3	友達の悩みを整理する②	・友達の悩みを「できごと」「考え」「気分」に整理して、解決する方法を考えよう。	1
	4	自分の悩みを整理する	・自分の悩みを「できごと」「考え」「気分」に整理して、解決する方法を考えよう。	1
【2】問題解決のスキル	5	クラスの問題に取り組む	・問題解決のスキルを使って、クラスの問題に取り組もう。	1
	6	自分の問題に取り組む	・問題解決のスキルを使って、自分の問題に取り組もう。	1
【3】怒りに向き合うスキル	7	怒りって何だろう	・「怒り」の意味とからだの反応を知ろう。	1
	8	怒りと付き合う	・「怒り」感情との付き合い方について考えよう。	1
【4】コミュニケーションスキル	9	「ノー」と言えないとき	・「ノー」と言えるようになるために、そう言えないときの「気分」や「考え」を探ってみよう。	1
	10	アサーションのスキルを学ぶ	・自分の考えたことを素直に表現し、相手に伝える方法を学ぼう。	1
【5】こころのスキルアップ教育のまとめ	11	学んだことを劇で表現する	・「こころのスキルアップ」の授業で学んだことを、みんなでショー・劇にし、表現しよう。	2

表 2-1-2 こころのスキルアップ教育プログラム
出典:『しなやかなこころをはぐくむこころのスキルアップ教育の理論と実践』大修館書店

こころのスキルアップ教育プログラムの指導案

指導案1　できごと・考え・気分をつかまえる

❖ 本時の課題
・気分は考えによって影響されることについて，みんなで話し合おう。

❖ ねらい
・「できごと」「考え」「気分」を分けることができる。
・「気分」はそのときの「考え」により変わることがわかる。

学習内容と授業の進め方	◆教材・教具，◇留意点
一斉指導（5分）導入 ●自分の今の「気分」を確認する [指示] 今日は，「こころ」について考えていきます。そこで，授業に入る前に，まず，みなさんの今の気分をチェックしてみましょう。 ・フリップ2：ペープサート（気分3兄弟）を掲示しながら，今の気分はどの表情に近いか，挙手させる。 ●本時の課題を知る ・フリップ3：本時の課題を黒板に掲示し，読み上げる。 　　気分は考えによって影響されることについて，みんなで話し合おう ・フリップ4：気分をあらわす言葉の例を黒板に掲示し，気分は一語であらわすことができること，感情をあらわす言葉であることを説明する。 [発問] みなさんは，自分が感じる「気分」がどこからくるか知っていますか。「気分」は，そのときの「考え」から生じるのです。今日のねらいは，「気分はそのときの考え方により変わることを学ぶ」です。これはいったいどういうことなのか，事例を使って，みんなで考えながら学んでいきましょう。	◇4〜6名ずつのグループをつくる。 ◆フリップ1：グループメンバーの役割表を黒板に掲示する。役割は，授業前に決めておく。[注1] ◆フリップ2：ペープサート（気分3兄弟）[注2] ◇「気分」に関心をもたせるようにしたい。 ◆フリップ3：本日の課題 ◆フリップ4：気分をあらわす言葉の例 [注3] ◇課題の表現が子どもたちにとって難しいと思われる場合は，「気分はどこから出てくるの？」と変えてもよい。
一斉指導（10分）展開① ●「できごと」「考え」「気分」に切り分ける ・フリップ5：事例を黒板に掲示し，グループの順にリレー読みをさせる。 　　今日（日曜日），春子さんは，夏子さんと遊びたいと思い，ケータイに電話をした。数回電話をしても出ないし，返信もない。 　　「きっと，秋子さんたちと遊びに行って，私を仲間はずれにしたんだ」と考え，悲しくなった。 　　「私が，何か夏子さんに悪いことをしたのかな」，「何か大変なことが夏子さんに起きたのかな」などといろいろ考え，落ち込んでしまった。 　　やらなければならない宿題も手につかなかった。 [指示] この事例を，実際に起きたこと（できごと）と，春子さんが思い込んだこと（考え），その結果起きた気分と行動，からだの変化に分けてみましょう。	◆フリップ5：事例（全体） ◇事例の内容はクラスの実態に応じて変えてもよい。[注4] ◆全員が参加できるように，グループごとにリレー読みをさせる。[注5]

表 2-1-3 こころのスキルアップ教育プログラムの指導案
出典：『しなやかなこころをはぐくむこころのスキルアップ教育の理論と実践』大修館書店

こうしたICTやワークシートの活用は、自分で自分の悩みや不安に向き合うというやり方を、生徒や学生に身につけさせるという新たな教育実践です。この実践は、教育相談体制の充実が急務である中、相談方法の新たなツールの一つとして活用できますし、いじめ対策にもなります。

　「こころのスキルアップ教育」は現場の教員を中心に実践されていますが、私たちはその効果を実証するための研究をいくつか行ってきました。中野有美氏らは、このプログラムを授業で活用している公立中学の生徒のこころの状態を4カ月間観察した結果について報告しています。それによれば、抑うつ感が高めの生徒の抑うつ感が改善に向かい、抑うつ感に問題ない生徒とのレジリニンスが増進する傾向が認められていました（中野有美、他：こころのスキルアップ授業が行われている学校環境における中学生のこころの成長、精神療法42（3）、83－92、2016）。

　また、桐生第一高校の関崎亮氏らはスポーツ進学クラスの生徒に同様のアプローチを用いて、ジュニアアスリートの心身の健康を高める活動を行い、成果を上げています。

　簡易型認知行動療法の活用は大学でも行われ始めています。大阪大学保健管理センターの工藤喬氏は、学生が大学生活を健康に送れるように、新入生のオリエンテーションで認知行動療法について簡単に説明した上で「こころのスキルアップトレーニング」を使った自己学習を継続した場合の効果について研究を進めています。

　このように「こころのスキルアップ教育」は、他の人に相談するという問題解決の方法に加えて、自分の力を活用した悩みへの向き合い方を伝える教育法として、教育現場で注目されてきています。

第2章　食事・運動教育に活用する

　健康生活教育では適切な食事摂取や運動、禁煙や節酒など、おもに身体面に働きかけるアプローチが使われます。しかし、その場合、身体面だけでなく心理的な側面も視野に入れた教育も同時に必要で、その際に認知行動療法のアプローチが役に立ちます。認知行動療法は、日常生活の中で意識しないまま考えたり行動したりしていることを意識することで、より健康的に考えたり行動したりできるように手助けするアプローチで、体の健康生活教育にも活用できるからです。

　食事や運動の手順や内容など健康生活教育の具体的な方法についてはすでに多くの優れた書籍が出版されていますので、本章では体の健康教育に認知行動療法を活用するという視点に特化して、ある企業の取り組みを参考にしながら解説することにします。

(1) 体の健康教育の仕組み作り

　体の健康教育の流れですが、まず健診を行い、各事業所の判断で対象者を選び出し、集団セミナーで基礎知識を提供します（図2-2-1）。マンパワーに余裕があれば最初から個別教育をすることが可能ですが、人的資源が限られている場合にはまず集団セミナーを行って体の健康に関する情報を提供します。集団セミナーは約1時間で、メタボリックシンドロームについての解説や生活習慣改善のポイントについて解説します。

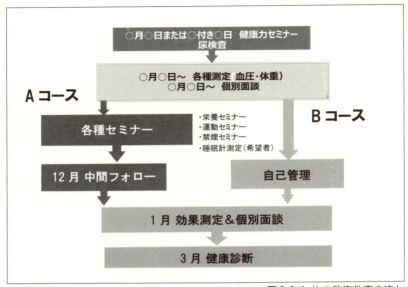

図 2-2-1 体の健康教育の流れ

　対象者の選択基準は、メタボリックシンドロームの有無であったり、一定以上のBMI値であったり、複合要因であったりしますが、一般的にはメタボリックシンドローム関連データをもとに予防的な関わりをしていくようにします。その場合、健診受診者の20％程度が介入の対象となってきます。

　集団で食事教育をするときには、摂取量と消費量のバランスに目を向けるように勧めます。同時に、タバコ・睡眠・ストレスが食事に影響することも伝えます。その際に、健康教育を受けている人が問題を体感できるような体験学習を取り入れると効果的です。たとえば、脂肪モデルや血管モデルを手にとってもらって触ってもらいながら健康行動を守れない場合のリスクを伝え、メタボリックシンドロームの傾向は工夫次第で改善しやすいことや、体重を落とすための具体的な方法を伝えたりします。

集団セミナーを行った後、自らフォロー相談を希望する人たちと、健康診断の結果から個別の健康教育が必須であると考えられる人たちに、定期的な個別教育面談を行い、3カ月後に成果を判断するようにします。図は、継続プログラムの各コースと初回面談から終了時面談までの流れを例示したものです（図2-2-2、2-2-3）。

　フォロー相談を自ら希望した人は関心期以上であることから、好ましい結果が出る可能性が高いと考えられます。一方、健康教育が必須であるとスタッフが判断した人の場合、必要性は感じながらも変化するのは難しいと諦めていることが多いので、食事や運動で得られるメリットを書き出したり、変化を実感できるように記録したりするなどの手立てを工夫してモチベーションを高める必要があります。健康生活への切り替えに成功した人が知り合いにいるようであれば、その人の体験を紹介してもらうことも役に立ちます。

　表2-2-1は、行動変容を進めていく場合に考えておくと役に立つポイントです。

行動変容に役立つポイント

(1) 健康行動によって得られる変化を意識できるようにして、行動の継続をはかります

(2) 成功体験を積み重ねられるように、段階的に課題を設定します

(3) 成功体験を実感できるようにします

(4) 行動変容を阻害する要因を事前に明らかにして、対処法を考えておくようにします

表 2-2-1 行動変容に役立つポイント

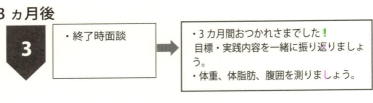

図 2-2-2 メタボ改善プログラムの流れ

継続プログラム

3カ月間の実践後に血液検査、データの変化を確認します。
3つのコースからお好きなコースにエントリーしてください。

Aコース	Bコース	Cコース
健康支援室 （医師・保健師） がサポート	通信プログラム 「健康達人～メタボ改善 プログラム」を利用	自分ひとりで 頑張ってみる
内容	内容	内容
・1～2カ月後に スタッフ面談 目標設定や実践効果 の確認など 具体的にサポート	・外部機関の郵送形式 による分析・実践評価 およびアドバイス	・健康支援室等の サポート無し ・効果測定は実施

図 2-2-3 継続プログラム

(2) 個別の健康教育を有効化する関係性
<u>共感と褒めること</u>
　健康教育を行おうとすると身体面の変化に目が向きがちですが、教育の効果を上げるためには心理的な側面にも目を向けることが重要です。健康教育を受ける人は、自分としては目を向けたくない問題に向き合わなくてはならない立場にあり、それが健康教育の阻害要因になることが少なくありません。ですから、スタッフは、教育を受ける立場になったことからくる悩みや不全感に共感しながら教育を進めていくようにします。

　場合によっては、個人教育の中で、悩みや不全感、思いなどを語ってもらうようなことがあっても良いでしょう。その場合には、「あなたは〜と感じられたんですね」と、本人を主語にして返すと、本人がそこからもう一段階掘り下げて自分の中にある思いを語ることがあります。

　共感と同じように大切になるのが"褒める"ことです。とくに企業では最近、リスクマネジメントが強調されるようになり、褒められることが少なくなってきているようです。しばらく前までは、失敗は成功のもとと言われていました。しかし最近では、失敗はロスととらえる上司が増えてきていて、ロスをさせないために部下を管理し、失敗すると叱ることが増えてきているようです。逆説的ですが、そうした環境であるからこそ、褒めることが教育効果を上げるようになってきていると考えることができます。

本人の気づき

　健康行動を長続きさせるためには、健康教育を受けている人が良い変化に自分で気づけるように導くことが大切です。そのときには、「体が軽くなった」「気持ちいい」などの体感への気づきが役に立ちます。5kg減らす目標に向かっているうちに、「息切れしなくなった」「階段を苦もなくのぼれるようになった」などの変化に気づく人もいます。
　前から着たいと考えていた洋服を着ることができるようになったことや、顔が小さくなったり顎がほっそりしたりしたことに気づいて、さらに頑張る人もいます。こうした変化に気づけるようにするためには、小さな変化を目標にして、それを積み重ねるようにすると良いでしょう。
　こうした気づきを大事にするのが、認知行動療法的面接で重視する導かれた発見（guided discovery）の姿勢です。これは、スタッフが一方的に教育してわからせるのではなく、教育を受けている人が気づけるように導いていく関わり方です。関係が良い場合には、スタッフがそれとなく見た目を褒めることで健康行動が強化されることもあります。このように見守られていて肯定されるという体験が、次の行動に向かう意欲を高めます。
　教育されている人が健康行動の変化を過小評価していることも少なくありません。そのことに気づいたときには、「何か変わってきたことがありますか」と尋ねて本人の気づきを引き出したり、スタッフが気づいたことを率直に伝えて本人の考えを聞いたり、大した変化ではないと本人が考えて捨てたものにあえて目を向けるようにしたりするなど、様々な方法を使って気づきを深めていきます。「他

の人がこのように言っていましたよ」と上手に第三者の意見を使っても良いでしょう。

健康教育と症例（事例）の概念化・定式化

　健康教育を行う場合には、教育を受けている人にとって何が大切かを見失わないようにすることが重要です。そのためにも、保健医療スタッフは、こころの健康相談と同じように「症例（事例）の概念化・定式化」と呼ばれる"みたて"をきちんと行い、それを心に置きながら面接指導を行っていくようにする必要があります。

　保健・医療スタッフは、自分が伝えたいことを伝えようとする傾向が出やすく、教育を受けている人のこころの動きが見えなくなることがあります。相手が発信していることに目が向かず、スタッフの頭にある健康教育という型におさめようとしてしまうのです。

　たとえば、飲酒に関する健康教育を受けている人が、相談者から「疲れたときに飲んでしまうんだよね」と言われると、アルコールを飲む方に関心が向いている保健・医療スタッフは「お酒を飲んでしまうんですね」と反応してしまうことがあります。それは、スタッフが、栄養教育では酒や睡眠、タバコの問題に取り組むべきだという考えにとらわれているためで、「どのくらい飲みますか」と飲酒についてたたみかけるように聞いてしまって、本当の問題から遠ざかってしまう可能性があるのです。

　この場合、健康相談を受けにきた人は"疲れたとき"という飲酒のきっかけについて話そうとしています。しかも、飲酒行動を変えていくためには心身の疲れを話題にした方が効果的です。

ですから、「疲れたときというのはどのようなときなのですか？」と尋ねた方がよいのですが、アルコール教育をしなくてはならないというスタッフの思いの方が勝ってしまうと、健康教育を受けている人の体験に寄り添えなくなってしまいます。
　こうした事態になるのを避けるために、保健・医療スタッフは、相手の人が何を大切にしているのかを意識し、そのことが話題として出てきたら見逃さないようにする必要があります。家族との関係が影響していると判断すれば家族との関係に一緒に目を向け、仕事であれば仕事に目を向けて話し合うようにします。
　そして、仕事が大事だとすれば、いまのような負荷が体にかかっていて、5年後、10年後までこのペースを保てそうか、成果が出せそうか尋ねてみて、「自信がない」という返事がかえってきたときには、自分が大事に思うこと（大目標）を達成するために必要な手立てを一緒に考えていくようにします。
　このようなときに、「健康が大切で、仕事は二の次でしょう」とうスタッフの思いを押しつけようとしたり、最初から体重を落としましょうと高い目標を設定したりしても相手の心には響きません。
　もちろん、1回の面談で相手の気持ちに寄り添い、すべてを理解するということはできません。逆に、1回ですべてを聞いて判断しようとすると表面的なことしか理解できなくなります。一般的には、2回、3回と面談を重ねるうちに、健康教育を受けている人がこころを開くようになり、お互いの理解が深まってくるものです。とくに産業保健の分野では対象者が離れていくことがないので、継続的な関わりを行いやすい利点があります。いずれにしても、保健・医療スタッフは、自分の思いに縛られたまま、相手を理解したと誤解して面談を進めていくことがないように心がける必要があります。

> **コラム** **後輩のスタッフへの教育**

　健康教育では、健康教育を受ける人との関係性が大切ですが、保健・医療スタッフが最初からこのような関係性を作る力があるわけではありません。ですから、若いスタッフの教育は何にもまして大切で、後輩がよい関係を構築する方法を身につけられるように先輩スタッフが指導していく必要があります。過去には、先輩の背中を見て育てといった雰囲気のあるところもありましたが、それでは教育効果は期待できません。

　より効果的な教育を行うためには個別教育が不可欠です。まず先輩がやって見せて、次に本人がやってみて、それを先輩スタッフが観察しながら教育するようにするとよいでしょう。先輩スタッフの対応にもそれぞれ個性が現れますから、後輩スタッフが、複数の先輩スタッフの対応を観察し、自分に合ったスタイルを作り上げていけるように教育していくことができるとさらによいでしょう。

　教育では、ロールプレイが役に立ちます。認知行動療法の研修でも同じなのですが、ロールプレイは、オブザーバーを含めて3人ないしは4人一組で行い、ロールプレイ後に振り返りをするようにすると効果的です。健康教育を受ける人の役をしたり、オブザーバーでロールプレイを観察したりすると、保健・医療スタッフとして教育したり相談を受けたりしているときとは違った視点から考えることができ、教育効果がさらに高まるからです。

　保健・医療スタッフが十分に力を発揮するためには、個々人の力が発揮できるようなチームワークを作り上げることも大切で、チームリーダーの役割が大きな意味を持っています。

個別健康教育の流れ

　個別健康教育の流れの概要は、以下のようになります。
① 健康行動の結果得られるメリットを書き出す
② 健康行動の実施計画を立てる
③ 健康行動の阻害要因を明らかにして対策を立てる
④ 健康行動のモチベーションを高め行動を継続する
　　　定期的な声かけ
　　　毎日の健康行動の振り返り
　　　自動思考への注目
⑤ 健康行動の成果を評価する

　これらのポイントについて詳しく見ていきましょう。

(1) 健康行動の結果得られるメリットを書き出す
　認知行動療法的面接では、いまここでの問題に目を向けると同時に、長い目で見てどのようになりたいかを考えておくように勧めます。長い目で見た目標を意識できていると、目の前の問題に振り回されすぎないですむからです。ですから、健康教育でも、健康行動の結果得られると考えられる長期的なメリットを意識できていると、阻害要因の影響を抑えて健康行動を続けられる可能性が高まります。
　ここで取り上げるメリットは、本人自身に考えてもらったものの方が実感が伴ってわかりやすいでしょう。しかし、本人が意識していなかったメリットに気づいて生活改善意欲が高まることを期待して、スタッフが用意したメリットを提示することも意味があります。

その場合、アーロン・ベックの娘のジュディス・ベックが、自著『認知療法で二度と太らない心と体をつくる：ベック式ダイエット練習帳』（創元社）の中でリストアップしているメリットのリストが参考になります（表2-2-2、表2-2-3）。

　こうしたメリットをたえず意識してモチベーションを維持できるように、ただ口頭で確認するだけでなく、いつでも取り出して確認できるようにメリット・カードに書き込んで持ち歩いたり、部屋の目につくところに貼り出したりするように勧めます。

(2) 健康行動の実施計画を立ててもらう
◆小さなことから変えていくように勧める
　行動計画を立てる場合には、できることからスモールステップで少しずつ行えるように、本人と一緒に計画を立てます。いわゆる段階的課題設定です。どのような行動をするかは、できるだけ本人に決めてもらうようにします。本人の主体性を尊重することで実施可能性が高まるからです。
　保健・医療スタッフが、体重減少のためにアルコール摂取量を減らす必要があると考えた場合でも、本人がまず白米の量を減らしたいと言うのであれば、白米の量を減らすことから始めるようにします。そして、面談を重ねていきながらアルコールの問題に目を向けていってもらうようにします。このように、白米摂取量を減らすことでいくらかでも体重が減れば本人は達成感を得ることができ、次に抵抗のある課題に進んでいけるこころの状態になります。

ジュディス・ベックが挙げるダイエットのメリット

① 見かけが良くなる
② 若いころの体型に戻る
③ いまよりも小さいサイズの服が着られる
④ 褒めてもらえる
⑤ 健康状態が良くなる
⑥ 長生きできそう
⑦ 活動力が増す
⑧ もっと自信が持てる
⑦ もっと外交的になれる
⑧ 体重のことで人からあれこれ言われない

表 2-2-2 ジュディス・ベッグが挙げるダイエットのメリット
出典：『認知行動療法で二度と太らない心と体を作る：ベッグ式ダイエット練習帳』（創元社）

ジュディス・ベックが挙げる運動のメリット

① ダイエットの集中力を維持してくれる
② 食欲を抑えるのに役立つ
③ 気分を高め、ストレスを和らげる
④ カロリーを消費する
⑤ 筋肉の維持を保つ
⑥ 自信を生む
⑦ 身体的な気持ち良さも増す

表 2-2-3 ジュディス・ベッグが挙げる運動のメリット
出典：『認知行動療法で二度と太らない心と体を作る：ベッグ式ダイエット練習帳』（創元社）

第２部　簡易型認知行動療法を心身の健康生活にいかす

課題を具体的に示す

　課題は具体的に設定した方がわかりやすく、実践しやすくなります。食物の摂取量を減らす場合も、230キロカロリーに相当する社員食堂の茶碗半杯分の白米を減らすように勧めるなど、具体的に話すと教育を受けている人の理解が進みます。また、事業所のまわりを歩くなど、イメージしやすい形で、日常生活の中に組み込みやすい課題を設定します。

　実際の面談の中では、食事のポイントは油、野菜、カロリーであるという基本を大まかに伝えた上で、個別の食事に置き換えて。ヒアリングしながら一緒に介入ポイントを見つけていくようにします。その際に、目標シートや冊子、紙芝居等で課題のリストを示して自分でできそうなことを選んでもらったり、社員食堂で食べているものをカードで選んで食べる順番に並べてもらって血糖値の話をしたりするなどの工夫をすることも役に立ちます。

　短期的な目標は固定せずに、面談ごとに見直して実践可能性が高くなるようにします。そうすれば成功する可能性が高くなり、その結果として自信が育ち、健康生活を維持しようとするモチベーションが高まってきます。

健康行動の阻害要因を明らかにして対策を立てる

　健康行動が何の問題もなく順調に進むことはまずありません。こうしたときに大切なことは、「成功を続ける」ことではなく、結果はどうであれ「健康行動を続ける」ことだということを認識できるようにしておくことです。そのためには、事前に阻害要因を予測し一緒に対応策を考えておくことが大切になります。

　食事教育の場合には、体が抵抗するためにいくら頑張っても体重が変化しない時期、つまり停滞期があることを伝えておくようにします。そうすると、教育を受けている人は「減らない時期があって当たり前」「減らなくても大丈夫」と考えて乗り切ることができるようになります。また、停滞期を乗り越えると再び減量できるようになるということを1回でも体験できると、停滞期に「ここは我慢の時期」だと考えて辛抱できるようになります。

　このほかにも、実行期に仕事が忙しくなるなど、仕事の波が実践の妨げになる場合があります。歓送迎会の時期や年末年始も健康生活が乱れやすい時期だということも認識できておくと良いでしょう。こうしたリスクのある時期には、ストイックになりすぎて何が何でも計画を守ろうとするのではなく、体重だけは記録しておくなど、計画の一部だけを実践し続けるように勧めた方が良いでしょう。

　対象者によっては、健康生活のパターンが崩れそうになる前に面談を求めてくることがあります。スタッフが、そのような危険性を予測して面談を提案することもあります。このように、顔を合わせて話し合うことでリスクを低くすることも役に立ちます。

健康行動のモチベーションを高め行動を継続する

◆スタッフが定期的に声をかける

　健康行動のモチベーションを高めるために、保健・医療スタッフの定期的な声かけは大きな力になります。次の面談の約束があるから健康的な行動を続けようという思いが生まれるからです。ですから、原則として、1カ月に1回の定期面談を設定し、3カ月をひとつの区切りにします。

　しかし、仕事が忙しいなどの理由で1カ月に1回の面談が難しい場合には、本人の事情に合わせて頻度を決めていきます。Eメール面談を利用することも役に立ちます。ただ、Eメールだけだと効果が出にくいことが多いので、対面とメールを上手に組み合わせるようにします。

◆毎日の健康行動を振り返る

　健康行動を維持するためには、毎日の健康行動を振り返ることが役に立ちます。最初に立てた計画が実行できたかどうかを毎日チェックするだけでも良いでしょう。そのような振り返りを通して、実際に良いことが起きたことに気づくと健康行動が継続されやすくなるからです。

　仮に、計画していたことを実行できなかったときには、阻害要因が何であったかを検討して、今後に向けての解決策を考えるように進めます。「さぼり思考」や「言いわけ思考」などの自動思考が関係している場合には認知再構成法を用いるようにします(90頁参照)。

　振り返りの際には、感覚的に変化を実感できるような指標を見つ

けるように勧めます。食事習慣を変えていく場合などには、体重が減ったかどうかだけでなく、ベルトが少し短くなったというように日常生活で起きた変化を実感できるとモチベーションが高まります。その際、体が軽くなった、膝の痛みが減った、速く歩けるようになった、もっと歩けるようになったなどの"動き"や、顔がほっそりした、好みの洋服を着られるようになったなどの"容姿"に目を向けると、変化に気づきやすくなります。もちろん、よく眠れるようになったなど、その人固有の気づきもあります。

　振り返りを数値化すると効果が高まりやすくなるのは、「見える化」の効用です。食事や運動など、本人が興味を持っていることを取り上げて目標設定をして記録を取るように勧め、体重を毎日記録するようにします。自分でデータの確認をして、次にどのようにするかを考えてもらいましょう。

　体重を記録する場合は、朝夕の1日2回が望ましいでしょう。朝と夜で体重が変化するのがわかりますから、それだけでモチベーションが高まります。また、そうすることで、一時的な体重の増減に一喜一憂するのではなく、全体的な変化の流れに目を向けることが大切だということにも気づいてもらえます。

　毎日体重の増減があっても、1カ月を通してみて減少傾向であればよいと考えることができれば、安定した気持ちで健康的な食事生活に取り組むことができるようになります。

　体重減少を目指す場合には、運動より食事に気をつけた方が確実に成果が表れるので、まず食事教育から始めるようにした方がよいでしょう。運動だけでは体重が減らないことが多く、続けるのが難しくなるからです。

　振り返りは、複数の目標を決めて、できたところを評価していく

ようにします。仮に体重が減らなくても、行動面で達成できれば褒めるようにするのです。褒められれば、さらに取り組もうとする意欲が高まります。

こうした相互支援は、保健・医療スタッフによるだけでなく、同じ問題に取り組んでいる人たちが集団で支え合う場合にも使えます。

Happy Programと呼ばれる、肥前精神医療センターの杜岳文氏らが開発した大量飲酒者に対する節酒療法があります。大量飲酒者に対する集団アプローチで、最初にアルコールについての教育を行い、続けてお互いにサポートし合うような集団アプローチを行っていきます。そして、その集団のなかで、アルコール摂取を控えることで自分にとってどのようなメリットがあったかを伝え合います。このように成功体験を通して支え合う関係は、禁煙指導の際にも活用できますし、禁煙マラソンのようにインターネットを通じた支え合いでも活用できます。

グループで支え合うだけでなく、日々のモニタリングを通じて、自分で自分を支えることもできます。その場合は、まず行動活性化のスキルを活用して、運動前後の気持ちを書いて、良い変化を自分で認識できるようにします。運動をして疲れたがやって良かったといった達成感など、成功体験はこころを元気にします。

さらに、このようにやりがいを感じてイキイキしたり、楽しい気持ちになってウキウキとしたりした活動や、褒めてもらって嬉しい気持ちになった出来事を記録しておいて、モチベーションが低下してきたときに読み返すと、それがよい刺激になってもう一度活動を継続しようという意欲が高まってきます。とくに小さい成功体験は停滞期になると忘れられやすいので、記録して読み返すと効果的です。こうした記録はコンピュータに保存しておいてももちろん良い

のですが、自分の文字でノートに書き留めておくと過去の小さい成功体験を実感を伴って思い出しやすくなります。

◆思考に働きかける

　健康行動を維持するためには、その瞬間の自動思考を振り返って、より適応的で前向きな考えに修正するようにすることが役に立ちます。その場合、健康行動を維持できなくなりそうになったときの自動思考を修正する場合と、健康的でない行動を取ったときの自動思考を修正する場合が考えられます。

健康行動を維持できなくなりそうになったとき

　ジュディス・ベックは、健康行動を実践するのを阻害する思考として、「言いわけ思考」や「さぼり思考」に注意する必要があると書いています。このような自動思考は、健康行動を維持しづらくさせるだけでなく、自信を失わせ、ストレスを感じやすくさせるなど、心理的に好ましくない影響を及ぼします。そうしたときには、認知再構成法を用いて健康行動の継続を助ける前向きな思考に切り替えていくようにします。

　「今日は特別な日だからいいじゃないか」という心の誘惑に負けそうになったときには「絶対ダメ」と強いこころの声で抵抗する必要があります。「正しいダイエット法を学習することが大事で、取り組むのはそれからだ」という「さぼり思考」のために健康行動になかなか移れない場合には、「これが絶対というダイエットなんてない。どんなダイエットにも魔法なんてない。体重を落とすただ一つの解決策は、体が必要とするカロリーより少なめに食べるという

ことだけ」というように反論して、健康行動を行うようにします。

　親しい人から夕食後のケーキを勧められたとき、とても美味しそうなケーキだということもあり、「せっかくの好意だから、断るのは申し訳ない」という自動思考が頭に浮かんで、食べたい気持ちが高まったとします。そうしたときには、「いまダイエット中だということを相手に伝えて断っても相手の好意を否定することにはならない」と考え直すことができれば、落ち着いた気持ちでケーキを断ることができます。

　また、ストレスから何かを口にしたくなったときに、すぐに手が届くところに食べ物があるとつい食べてしまうことになります。そうしたことにならないように、周囲の人に協力してもらうことが有効です。すぐに不健康な食事が手に入らない環境に変えるように協力してもらう際に、「ほかの人に迷惑をかけてはいけない」という自動思考が浮かんで躊躇するかもしれません。しかし、そのときに、「環境を変えることで誰にどのような迷惑が生じるというのだろう。ほかの人も、それによって助かる可能性がある」と冷静に考えることができれば、ほかの人と話し合うことができるようになります。

　認知再構成法を使って「言いわけ思考」や「さぼり思考」に対抗しようとするとき、行動的なアプローチも併用するとさらに効果的です。食べたいという気持ちが高まったときには、最初の面談のときに作ったメリット・カードを取り出して眺めたり、健康的な行動をしたときのよい体験を書き出したカードを読み直したりして、一息入れることが役に立ちます。食べ物をゆっくり何度も噛んだり、人と話しながら時間をかけて食事をして早食いを避けたりする行動的技法も役に立ちます。

◆健康的でない行動を取ったとき

　いろいろと工夫をしても、つい健康的でない行動を取ってしまうことがあります。忙しさのためにイライラして食べすぎてしまったり、歓送迎会で断り切れずにアルコールを飲みすぎてしまったり、正月に食べすぎてしまったりした場合です。このような失敗が積み重なると意欲がそがれてきて、健康的な行動を続けることができなくなります。

　そうすると、計画を守れなかった自分を責め、保健・医療スタッフなどまわりの人たちから責められるだろうと考え、もうこれで計画を続けられなくなったと悲観的に考えるようになりがちです。うつ病のときと同じ「否定的認知の3徴」が現れるのです。

　こうしたときには、まず、失敗したことを素直に受け入れて、自分を責めて絶望するような悲観的な考えから、「まあいいや」「人間だから失敗することもある」と現実を受け止める「受け入れ思考」に切り替えることが役に立ちます。保健・医療スタッフもまた、失敗は失敗として受け止め、今後どのようにしていけばよいかを一緒に考えていけるように心理的なサポートを提供することが大切です。

　失敗したからといって、それで終わりではありません。失敗しても、それをきっかけにどんどんひどい状況になっていかなければよいのです。長い目で見てどうなるか、変化に目を向けていけるように支援できる関係性を作っていくようにします。

　そのためには、歯を磨いたり爪を切ったりするなど、食事とは違う行動をして、失敗する前と後の間にきちんと線を引くようにしましょう。そしてこれまで通りのパターンで食べられるように態勢を整えます。さらに、何が問題であったかを振り返って、今後そのような問題に出会ったときの対処法を考えておくようにします。たと

えば、たくさん食べている他の人と同じように食べようとしたことに気づけば、「自分のペースを忘れないようにする」とカードに書き込んで持ち歩くようにします。もっと食べるように人から勧められて断り切れなかったのであれば、どのように断ればよいかを考えておくようにします。

　前述したように、停滞期が生じる可能性や結婚式や飲み会で健康行動が阻害される可能性があることなど、事前にリスクがわかっていると、それだけで好ましくない行動にブレーキがかかります。ひとつの失敗で動揺しすぎることがなくなりますし、失敗したときにどうすれば良いか、対処法を考えることができるようになります。そうしたときには、一時的に要求水準を下げたり、いまできることに焦点を当てたりして、少しずつ健康行動を実践できるように態勢を整えていくようにできると良いでしょう。

　このように、意識しないで考えたり行動したりしてよくない経過をたどりそうなときに、考えや行動を振り返って意識し、それを適応的に変えていけるように手助けするのが、まさに認知行動療法のアプローチです。

空腹と欲望・依存を区別する

　食生活では、本当にお腹がすいていて食事を取る必要がある空腹の状態と、心理的なストレスを食事で紛らわせようとしたり、食べることに依存したりしている状態を区別することが大切です。私たちは、食事やアルコール、タバコでストレスを発散する傾向があるからです。

　食事の時間以外に何かを食べたくなったり、いつも以上の量を食

べたくなったりしたときには、体に食べ物を入れる必要があるのか、それとも心理的ストレスから食べたくなっているのか、自分に問いかけて本当に空腹なのかどうかを判断するように勧めます。また、ある程度食事をした後であれば、「食べすぎ」と「満腹」を区別するようにします。

　もし食べたいという欲望に負けていたり食事に依存的になっていたりするだけだと判断した場合には、「自分は絶対に、依存している食べ物を食べない」「やるしかない」と、食べないこと以外に選択肢がないことを自分に言い聞かせ、同時に、誘惑に負けると自信を失ったり自分に怒りを感じたりするなど、よくない結果になることを思い起こすように勧めます。メリット・カードを読んで、なぜ依存に打ち勝てるようになりたいのか思い出すのも効果的です。

　考え方に働きかけるのに並行して、依存する食べ物から距離を取ったり、低カロリーの飲料水を飲んだり、ゆっくり息をしてリラックスしたり、他のことをして気を紛らわせたりする行動的手法を用いるのも効果的です。

　このように考え方や行動に働きかけながら、食べ物に対して毅然とした態度を取るアプローチは、衝動的に何かを食べたくなったときにも役に立ちます。

◆考えや行動を振り返るツールとしての
　「こころのスキルアップ・トレーニング（ここトレ）」

　健康行動を継続するためには、考えや行動を日々振り返り、仮に好ましくない結果になってもその要因を解析し、改善につなげられるように手助けしていくようにします。そこで、その場合に役に立つ認知行動療法活用サイト「こころのスキルアップ・トレーニング（ここトレ）」のツールを二つ紹介しておきます。

　そのひとつが、96頁で紹介した「かんたんコラム」です。これは、認知再構成法を見える化した手法で、よくない結果になったときに「もうどうすることもできない」「なんて自分はダメなんだ」といった厳しい言葉を自分に投げかけるのではなく、少し冷静になって問題に柔軟に対応できる考えに切り替えていくときに使います。

　思い込みの世界から現実の世界に立ち返って、自分が考えていることがどの程度現実に沿ったものか、もう一度検討してみるのです。現実に目を向けて、自分の考えのどこが現実と同じか、どこが現実とは違うのかを、具体的に考えていくようにすれば、現実の問題が見えてきて、その問題に対処する方策が見えてきます。

　「かんたんコラム」では、好ましくない健康行動を取って気持ちが動揺したりつらくなったりしたときに、その「状況」とそのとき頭に浮かんだ自動思考を書き込みます。

　次に、現実的で問題解決につながるような、バランスのとれた「適応的思考」を書き込み、それによって「気分」が変化したかどうかを見て、次に取り組んでいく「今後の課題」を書き込むようにします。

　このコラムに書き込むことで、行き詰まったように思えた考えがしなやかになり、問題に的確に対応できるこころの力を引き出せる

ようになります。

　もう一つの方法が89頁で紹介した「こころ日記」です（図1-4-3）。「こころ日記」は、その日に起きた良いことと良くないことを書き込み、今後の改善策を書き込む3つの欄から構成されています。これを食事や運動の記録として使うことで、次につながる前向きの考えや行動を導き出しやすくなります。

こころ日記

今日よかった出来事について少し詳しく書いてください	
今日つらかった出来事があれば少し詳しく書いてください	
この体験が今後に生かせるとすれば、どのようなものがありますか	

図 2-2-4 こころ日記
（参考：こころのスキルアップ・トレーニング）

運動教育と段階的課題設定

　運動に関しても、達成可能な小さい目標から始めるようにします。最初から毎日ジョギングをするというのではなく、週末にストレッチするなど、ごく簡単なものから始める方が良いでしょう。本人に任せきりにすると、スポーツクラブに通うといった高い目標を立てがちです。目標が高いと失敗してモチベーションが下がってくる可能性が出てくるので、まずはどのジムに通うか決めたり、ジムに行く曜日を決めたりするなど、段階的な課題設定をして実行に移していくようにします。ジムに行くという課題設定のハードルが高すぎる場合には、目的地のひとつ前の駅で降りて歩くようにすることを課題にしてもよいでしょう。歩くことを課題にする場合も、最初は目標の歩数を決めないで、万歩計で記録するだけにするのもひとつです。

　こうした計画に沿って行動して、少しでも変化したことがわかると、その行動が継続します。ただ、一般的に目標をどの程度達成できたかの評価は、3カ月ごとに行うようにします。評価する対象は、体重の変化や腹囲など、簡単に測定できるものがよいでしょう。体重を減らすよりも実現しやすい、生活習慣をひとつ変えることを目標としてもよいでしょう。極端な場合、年にひとつで良いので変えることができるものを見つけるように勧めることさえあります。

　運動習慣をつける場合、風呂に入っているときにストレッチをしたり、出勤時に早足で歩いたりするなど、日常生活のなかで"ついで"にできることをするようにすると実践しやすくなります。

> コラム　集団で行う運動教育

　認知行動療法を活用して集団で行った運動教育の成果について、慶応義塾大学スポーツ医学総合センター武智小百合氏が報告しているので紹介します。運動は、精神的ストレスの軽減効果が報告されていますが、一方で運動実施における継続率の低さも課題として挙げられています。そこで武智氏らは、運動継続のための支援として認知行動療法を活用した運動プログラムを開発し、本プログラムが勤労者の精神的ストレスに与える効果について検討しています。

　このプログラムでは、まず集団保健指導を行います。その中で、運動に関する講義と具体的な運動メニューの実技指導、運動継続のための教育を、各専門家が行います。

　次に、運動継続のための教育では、自分の中の「言いわけ思考」に目を向けるように勧め、「忙しい」「どうせ1日くらいやらなくても変わらない」などの代表的な「言いわけ思考」を例示し、その思考に反論するという、認知再構成法のプロセスを具体的に示します。

　そして、それらの内容を盛り込んだセルフヘルプ式のワークブックを対象者に提供して、ワークブックに基づいた運動生活に10週間取り組んでもらうようにします。

　ワークブックでは、まず運動実施のための土台作りを行います。そのために運動のメリットを書き出し、動機づけを促すようにします。次に、具体的な実践の計画を立ててもらいますが、そのとき、日常生活に無理なく組み込めるよう現実的な計画を立てるように伝えます。

　その際に、武智氏らは、運動のレベルを、「激しいスポーツ」、

「汗をかくような運動」、「体を動かすこと」、「安静」の4段階に分けています。

そして、先行研究で体を動かすレベルの運動で効果が出ていたことから、このレベルの運動計画を立てるように勧めています。

続いて参加者に、運動継続の阻害要因とその対処法を考えてもらいます。その際、基本的に、現実的な阻害要因に対しては問題解決技法を、「言いわけ思考」などの認知的な阻害要因に対しては認知再構成法を活用するようにします。こうして、環境と心を整えたうえで運動を実践します。

実践中にはモニタリングを行います。モニタリングは運動を行った日に行い、自覚的な運動強度・運動前後での気分の点数付け・運動実施後に感じたことを記入します。

以上のワークブックに基づいて10週間運動を継続した44名を対象に評価を行ったところ、介入前後における精神的ストレスを測る尺度の平均値が、介入前後で有意に低下していました。

また、1週間の総身体活動量は、介入前の平均値が1267.9METs-minで厚生労働省が運動の目安として掲げている基準（1380METS-min/週）を下回っていましたが、介入後には1612.5METs-minになっていて、有意な増加が見られました。

さらに自由記述からは、「短時間、不定期でも運動の習慣がもてることが分かった」などの認知の変化や「これをきっかけにスポーツジムに行くようになった」といった行動の変容が確認されています。

この研究で使われたワークブックと記入用紙は、SMN本書専用コーナーからダウンロードして活用することができます。

第3章 睡眠教育に活用する

　わが国では多くの人が睡眠の問題を抱えており、その割合は20〜45％に及ぶと報告されています。睡眠の問題は、心身の健康だけでなく、生活の質や安全性にも大きな影響を与えることから、職場や地域の健康教育で優先的に取り組むべき課題といえます。

　睡眠の問題への介入法として最も頻繁に用いられるのは、睡眠薬を用いた薬物治療ですが、依存性や持ち越し効果による注意力の低下といった問題があるため、睡眠薬の使用に当たっては慎重な配慮が必要です。睡眠の問題に対しては、まずは適切な睡眠時間の確保と、睡眠呼吸障害をはじめとする専門的治療を要する睡眠障害のアセスメントを行ったうえで、非薬物的アプローチを用いることが望ましいと考えられています。

　なかでも、睡眠問題として最も頻度の高い不眠に対しては、不眠に対する認知行動療法（Cognitive Behevioral Therapy for Insomnia: CBT-I）が睡眠薬に劣らない効果を持つことがわかっています。不眠に対する認知行動療法は、その人の生活習慣や考え方に焦点を当て、現在の睡眠の問題を維持・悪化させるような認知や行動を修正しようとする方法です。その主な内容は、睡眠衛生教育と睡眠日誌、行動療法（睡眠スケジュール法）であり、必要に応じて認知療法（睡眠に関する非機能的な考えを修正する）やリラクゼーション法を追加します。最近では、不眠の認知行動療法を簡便化した簡易型の睡眠行動療法（睡眠衛生教育と簡便な睡眠スケジュー

ル法）をもとにした睡眠教育が、睡眠の改善だけでなく、うつ病などメンタルヘルス不調の改善にも有効とのエビデンスが数多く示されています。

　我々が職域で行った無作為化比較試験（RCT）でも、産業保健スタッフによって実施された簡易型睡眠行動療法教育は、労働者の睡眠を有意に改善するだけでなく労働者のワークモチベーションや高ストレス者のストレス改善に役立つことが示されています。地域高齢者を対象としたRCTにおいても、保健職によって行われた睡眠教育は、高齢者の睡眠の質、抑うつ、フレイル（高齢者の虚弱）を有意に改善し、6割近くの人が睡眠薬の減薬または中止に成功したことが示されています。

　本稿では、簡易型睡眠行動療法を用いた睡眠教育の方法について実際に用いる教育資料を示しながら説明したいと思います。

睡眠教育の概要

　最初に、一般的な睡眠教育の流れを見ていきましょう（図2-3-1）。簡易型睡眠行動療法を用いた睡眠教育は、対象者の選定、睡眠衛生教育、睡眠習慣・睡眠状態の評価、個別睡眠教育、フォローアップで構成されます。

　対象者の選定は、睡眠教育の目的に従います。予防的な健康教育の一環として実施する場合には、とくに制限は設けずに全員もしくは希望者が対象となるでしょう。睡眠の問題を抱えた方への介入を目的とする教育の場合は、事前に不眠のスクリーニングなどを実施して対象者を選定することになります。不眠のスクリーニングとしては、アテネ不眠尺度がよく使われます。アテネ不眠尺度をはじめ、

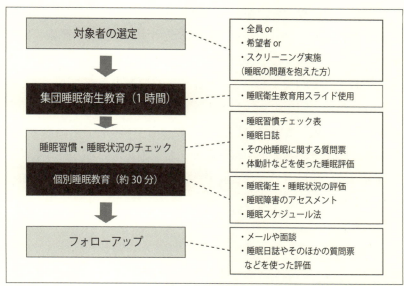

図 2-3-1 睡眠教育の流れ

　睡眠問題のスクリーニングに用いられる質問票をSMN本書専用サイトにアップしているので参照してください。

　睡眠衛生教育では、睡眠のメカニズムや、それに基づいた睡眠のための望ましい生活習慣について学びます。睡眠衛生教育は睡眠教育の基本ですので、必ず実施する必要があります。個別教育の中で睡眠衛生について説明することもありますが、ある程度の対象者がいる場合には、まとめて集団教育として実施した方が効率的です。集団教育の時間や場所の確保が難しい場合には、睡眠衛生のポイントを、パンフレットにまとめて配布したり、ウェブラーニングの教育資料として提供してもよいでしょう。

予防的な健康教育の一環として睡眠教育を行う場合には、集団睡眠衛生教育のみの実施となることが多いですが、個別の睡眠の問題を抱えている人は少なくないので、できる限り個別教育の機会を準備しておくことが望ましいといえます。集団衛生教育の中ではじめて自らの睡眠の問題に気がつく人もいますので、全員を対象に睡眠衛生教育を実施した後に、個別教育の希望者を募る場合もあります。もちろん不眠をはじめとする睡眠の問題を抱えている方を対象にする場合には、相談者一人ひとりの状況に合わせた個別教育を追加して行う必要があります。

　個別教育の前に、睡眠に関する生活習慣や睡眠の状態を評価しておくと、その後の教育がスムーズにいきます。睡眠行動療法では、睡眠習慣チェック票や睡眠日誌が利用されることが多く、これらの記録をつけることで、自ら生活習慣の問題や解決すべき方法に気づくこともあります。睡眠の状態をより客観的に把握するために、体動計などの機器を用いる場合もあります。

　個別教育では、相談者との共感的な関係を構築しながら、症例（事例）の概念化・定式化を図っていきます。そのうえで、睡眠習慣の見直しや睡眠スケジュール法（刺激コントロール法と睡眠制限法）などの具体的な対処方法について相談者と一緒に考えていきます。

　フォローアップでは、その後の経過や成果を評価し、もし計画通りにいかなかった場合には、阻害要因を分析し、今後の対策を再検討します。上記プロセスにおいては、協働的経験主義に基づく相談者との関係が大切なのは言うまでもありません。

睡眠衛生教育

ここでは、集団での睡眠衛生教育を想定して、教育用のスライドとその説明用テキストをお示しします。SMN本書専用サイトには、集団睡眠衛生教育用に作成したスライド資料がアップされていますので、ダウンロードしてご利用ください（本スライド資料は、一般社団法人うつ病の予防治療日本委員会のご厚意に基づいて提供されています）。一般向け教育用としては若干説明部分が多いかもしれませんが、その際には教育時間に合わせてスライドやテキストを取捨選択してください。テキストは、理解のしやすさを優先して、厳密な表現にこだわっていない部分もありますが、一般的な睡眠教育としては十分かと思います。これより詳しい内容を知りたい方は、睡眠医学の成書や厚生労働省による「健康づくりのための睡眠指針2014」の解説を参照ください（*2-5）。

では睡眠衛生についての説明をはじめます。

（1）必要な睡眠時間

必要な睡眠時間は人それぞれ。日中の眠気で困らなければ十分

必要な睡眠時間は年齢や個人によって異なる
成人での目安は6〜8時間

睡眠不足のチェック
●日中の眠気が強い（12時〜15時頃を除く）
●休日は普段より2、3時間以上長く眠る

図 2-3-2 必要な睡眠時間

「人は1日に8時間は眠らなければならない」と言われることがありますが、それにこだわる必要はまったくありません。1日に必要な睡眠時間は、個人によっても年齢によっても大きく異なります。我が国の疫学調査によると、20歳から60歳代の平均睡眠時間は6時間から8時間、高齢者の場合は、6時間前後といわれており、これが一つの目安になるかもしれません。

　しかし、これは床に就いている時間のことで、実際には眠っていない時間も含まれます。脳波計を用いて実際に眠っている時間を測う結果では、25歳で7時間、45歳で6.5時間、65歳で6時間といった結果でした。「自分はナポレオンのように4〜5時間睡眠でも大丈夫」と思っている方もいるかもしれませんが、さすがに5時間以下の睡眠で足りている方はほとんどいません。

　自分の睡眠時間が足りているか不足しているかを知るためのチェックポイントは二つです。一つは、日中の眠気が強いかどうかです。昼過ぎにある程度の眠気を感じるのは自然なことですが、この時間帯以外でも強い眠気に襲われるようなら、睡眠不足の可能性があります。二つ目は、休日に普段よりも2〜3時間以上長く眠ってしまう場合です。休日は、平日に比べて気分もゆったりするので睡眠時間は長くなりがちですが、2〜3時間以上のびてしまう場合には平日の睡眠時間が足らず、それを補おうとしている可能性があります。

　この二つが認められなければ、とりあえず普段の睡眠時間は足りていると考えてよいでしょう。もし、どちらか一つでも当てはまるようなら、もう少し睡眠時間を延ばす工夫をしてみる必要があります。

　健やかな睡眠のためには、まずは適切な睡眠時間の確保が何よりも重要なポイントとなります。しかしながら、健やかな睡眠のためには、睡眠時間だけでなく睡眠の質を高めることも非常に重要です。

そのためには、まず睡眠のメカニズムを理解しておく必要があります。

[解説] 日本人の睡眠時間

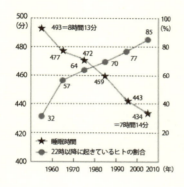

日本人の睡眠時間は年々減少しています。
22時以降に起きている人の割合も随分増えています。

　日本人の睡眠時間は年々減少しており、NHKの国民生活時間調査によると、1960年に8時間13分だった日本人全体の睡眠時間は、2010年には7時間14分と、この50年間で約1時間も短くなっています。また、夜、寝る時間も遅くなってきています。1960年には60％以上の人が22時までに床に就いていましたが、2010年にはその割合は24％に減少しています。多くの日本人は「夜更かし・睡眠不足」の状態かもしれません。

　一方、8時間神話にとらわれて、必要以上に寝ようとしてかえって不眠に陥っている人もいます。とくに高齢者では、毎晩8時間しっかり眠れないと健康によくないと心配し、不必要に睡眠薬を使用しているケースも少なくありません。

　その人にとっての適切睡眠時間は、元々の体質（遺伝と環境の相互作用）として規定されている必要睡眠量の他、加齢変化や生活習慣など多くの要因に影響を受けます。

(2) ノンレム睡眠とレム睡眠

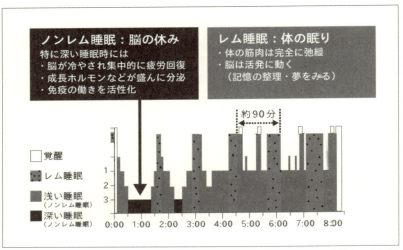

図 2-3-3 ノンレム睡眠とレム睡眠

　睡眠には、ノンレム睡眠とレム睡眠という二つの睡眠があります。ノンレム睡眠は、主に脳を休める睡眠です。一方のレム睡眠は、体を休める睡眠です。人の睡眠はノンレム睡眠から始まってその後レム睡眠が続きます。これを1セットとして、睡眠中に数セット繰り返されます。1セットの長さはおよそ60〜120分ですが、それほどはっきりと固定されているわけではありません（図2-3-3）。

　ノンレム睡眠の状態は、1〜4段階に分けられます。1〜2段階はちょっとした物音などで目を覚ましてしまう浅い睡眠状態ですが、3〜4段階になると、脳もクールダウンしてぐっすりと休まり、ちょっとした物音では目を覚まさない深い睡眠となります。この深い睡眠中に、脳の疲労回復が集中的に行われます。

　脳は、様々な体の機能や、感情や意欲などの心の機能、思考力や判断力といった知的機能などありとあらゆる働きを司っています。

こうした脳の機能を維持するためには、深い睡眠による十分な休養を与えてあげることが欠かせません。

また深い睡眠中にホルモンや免疫の働きも集中的にメンテナンスされます。たとえば成長ホルモンは、体の環境を整え損傷した細胞の修復を行うなど健康に欠かせない重要な役割を担っていますが、この成長ホルモンは、深い睡眠が多ければ多いほどたくさん分泌されることがわかっています。また、人は風邪をひいたりするといつもよりぐっすり眠るようになりますが、これは睡眠の深さと体を病原体から守る免疫の働きが密接に連携しているからです。

レム睡眠は、体を休める睡眠です。レム睡眠中に筋肉は完全に弛緩し、日中に溜まった体の疲れをとっています。一方で、脳はレム

[解説]

「レム」というのは、Rapid Eye Movements（急速眼球運動）の頭文字をとったもので、レム睡眠中は、眼球が急速に動いている状態が観察されることからこの名前がついています。レム睡眠時には、脳から運動神経への伝達が遮断されるため筋肉は完全に弛緩しますが、脳自体は活発に動き自律神経も不安定な動きをします。

ノンレム睡眠の状態は、脳波の様子によって通常1〜4段階に分けられ、3〜4段階の深いノンレム睡眠のことを深睡眠、または脳波も非常にゆっくりしていることから徐波睡眠と言います。深い睡眠は、人間の脳が進化し大型化したために、脳を休める特別な睡眠として出現したと考えられています。通常、深い睡眠は睡眠の前半に多く出現し、起床時間が近づくに連れて浅いノンレム睡眠やレム睡眠の割合が増えていきます。

睡眠中活発に動いています。このとき人はレム睡眠中に夢をみると同時に、記憶を固定したり整理したりしています。

(3) 睡眠問題が健康や社会生活に及ぼす影響

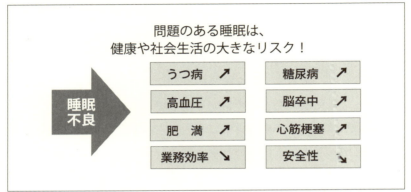

図 2-3-4 睡眠不良がおよぼす影響

　昔から「病気は夜作られる」と言われます。それは睡眠になんらかの問題があると、脳の働きやホルモン、免疫の働きが不十分となり、病気が起こりやすくなるからです（図2-3-4）。脳の機能が低下して起こる精神疾患も睡眠と密接に関係しています。うつ病の発症リスクは、不眠など睡眠の問題がある場合は2〜5倍高くなります。肥満や糖尿病、高血圧、脳卒中、心筋梗塞といった生活習慣病も、睡眠に問題がある場合はそのリスクが2〜3倍近く高くなります。また睡眠不足や睡眠の質の低下は、こころや体の健康リスクを上げるだけでなく、注意力や作業能力を低下させ、生産性の低下や事故やエラーのリスクを高めることにも注意が必要です。チャレンジャー号爆発事故やチェルノブイリ原発事故の作業員のミスには睡眠の問題が深く関わっていたことが知られています。

[解説]

　睡眠不足や睡眠の質の低下が肥満や高血圧、高血糖を引き起こすメカニズムについて少し詳しく解説します。食欲に関するホルモンには、食欲を亢進させるグレリンと満腹感を起こすレプチンがありますが、睡眠不足のときには、食欲を亢進させるグレリンが増加し、満腹感を起こすレプチンという物質が減少することがわかっています。

　つまり、睡眠不足のときは、食欲が必要以上に亢進するとともに満腹感を感じにくくなるため、食事量が知らぬ間に増加し、肥満を招きやすくなるのです。また、睡眠の質が低下した場合は、睡眠中の成長ホルモン分泌が抑制されるため、脂肪の分解などの体の代謝も下がってしまい、さらに肥満が生じやすくなってしまいます。しかも、こうしたホルモンの変化はわずか数日の睡眠不足でも生じることがわかっています。

　また、睡眠が不足したり、睡眠の質が低下した状態では、血圧や血糖値を上昇させる働きをもつホルモン（コルチゾール）の上昇や交感神経の緊張が生じます。また、血糖値を下げる働きを持つホルモンであるインスリンの効きも低下してしまいます。このため睡眠不良の状態が続くと血圧と血糖値が上がり、高血圧や糖尿病を発症するリスクが高まるのです。高血圧や糖尿病の治療も、睡眠を改善しないままでは十分な治療効果が得にくいことがわかっています。

　職域においては、長時間労働による睡眠不足は、作業の安全性や生産性にも影響を与える問題であることを強調しておく必要があります。次図は、朝起きてから24時間寝ないで単純作業させた場合の作業能力をみたものですが、きちんとした作業ができるのは起床後12〜13時間が限界で、15時間以上では酒

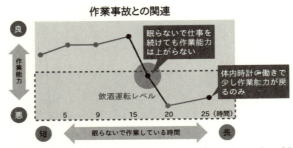

出典：Nachreiner F, Akkermann S, Haenecke K. Fatal Accident risk as a function of hours into work. In: Hornberger S, Knauth P, Cossta G, Foikard S, eds. Arbeitswissenschaft in der betrieblichen Praxis 17:Shiftwork in the 21st Century. Frankfurt: Peter Lang, 2000:19-24. 改変

気帯び運転と同じ程度の作業能力でしかなく、17時間になると飲酒運転の状態、20時間になると酩酊の一歩手前状態です。起床後15時間というとずいぶん長い時間と思うかもしれませんが、たとえば6時に起床するとしたら21時にあたります。忙しい職場では21時以降まで残業する場合があるかもしれませんが、実は酒気帯び状態で仕事をしているのと同じ状態といえます。不眠症や睡眠時無呼吸症候群などの睡眠障害がある場合にも、作業効率の低下やエラー・事故のリスクはより高まります。不眠症のある人では交通事故の発生率が健常者の約2倍になるとの報告もあります。

---

(4) 睡眠の仕組み

　私たちの睡眠は、主に2つの仕組みによって営まれています。それは「疲れると眠くなる仕組み」と、「夜になると眠る仕組み」です。
　「疲れると眠くなる仕組み」とは、目覚めている時間が長くなるにつれて体に疲れや睡眠を引き起こす物質（いわゆる睡眠物質）が蓄積され、睡眠を引き起こす力が高まるというものです。この力を「睡眠圧」と言います。つまり、起きている時間が長く、心身ともに活

疲れると眠くなる仕組み

目覚めていた時間の長さや活動量に応じて疲労や眠りに関する物質が蓄積すると、体が睡眠を求める力（睡眠圧）が高まる。

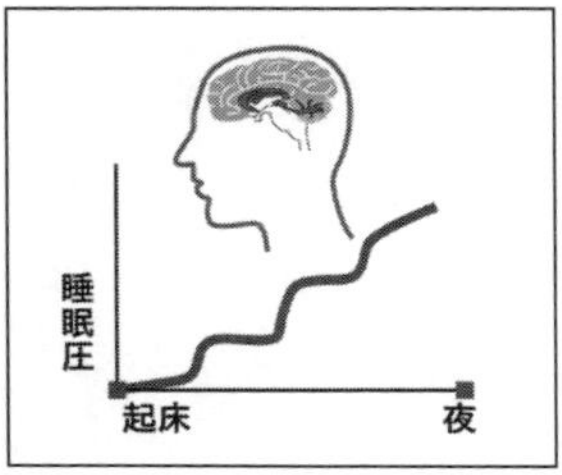

疲労や睡眠物質の蓄積とともに睡眠圧上昇

図 2-3-5 疲れると眠くなる仕組み

動して疲れが溜まればそれだけ睡眠圧が高まり、深く、長く眠れるようになります。逆に、日中自宅でごろごろしたり、長い昼寝などで睡眠圧を逃してしまうと、睡眠の質や量は低下してしまいます。

[解説]

「疲れると眠くなる仕組み」のことを睡眠の恒常性維持機構と呼びます。恒常性維持機構は、活動によってもたらされる疲労や生体の損傷回復とも関連しており、おおよそ睡眠前の覚醒時間に依存する仕組みといえます。そのため、睡眠圧を高くし、深い睡眠をとるには、寝すぎないこと（起きて活動する時間を適切に保つこと）が大事なポイントとなります。

後述する睡眠時間制限法は、恒常性維持機構を利用した不眠対策法です。

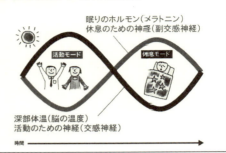

図 2-3-6 夜になると眠くなる仕組み

　次は「夜になると眠くなる仕組み」です。私たちの脳と臓器には約24時間周期でリズムを刻む体内時計が備わっています。朝に起きて夜になると眠るというリズムは、この体内時計によって生み出されています。体内時計は眠りのリズムとともに、メラトニンという眠りのホルモンや、深部体温、自律神経の動きにも約24時間周期のリズムを与えています。日中は眠りを誘発するメラトニンの分泌は抑えられ、深部体温は上昇し、心身の緊張を高める交感神経が優位になることで、活発に活動できる状態になります。逆に夜になるとメラトニン分泌が急速に高まり、脳をクールダウンさせるために深部体温は下がり、心身をリラックスさせる副交感神経が優位になり、休息や睡眠に適した状態へと自動的に移り変わります。良質な睡眠を得るためにはこうした体内時計によるリズムを乱さないことが重要なポイントになります。

　ところが、この体内時計は24時間丁度ではなく、毎日少しずつ後ろに遅れてしまうという困った性質をもっています。そのため私たちが現実の24時間生活に適応するためには、体内時計の針を進めてリセットし、1日のスタート時間を毎日揃えなければなりません。

この時間あわせ、すなわち体内時計のリセットに必要なのが、光、食事、運動の3つの刺激です。

[解説]

睡眠と体温との間には強い関係があります。

ヒトの体温変化と眠気のリズム

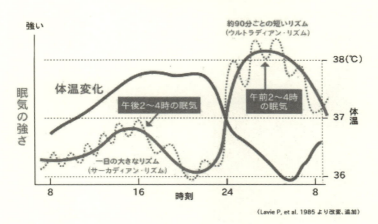

（Lavie P, et al. 1985 より改変、追加）

ちなみにここでいう体温とは、体の表面の体温ではなくて体の内部や脳の温度のことを指します。これを深部体温と言いますが、深部体温は、夜が始まると下がり始め、睡眠中、脳をクールダウンさせながら明け方に向かって下がっていきます。このときの体温が低下するスロープの勾配が急であると寝付きやすく睡眠が深くなることが知られています。深部体温を下げるためには、表面体温を高くして体表面からの放熱を盛んにしますが、子供がぐっすり寝ているときに汗びっしょりになっているのはこのためです。

こうした深部体温の動きを体内時計と一緒に支えているのがメラトニンというホルモンです。メラトニンは、睡眠そのもの

を促進する作用があるため睡眠ホルモンといわれますが、実際には深部体温を下げる効果が重要と考えられています。また最近では、抗酸化作用によって細胞の新陳代謝を促すなど健康維持のためのさまざまな効果も持つことも知られています。

　メラトニンの分泌開始時刻、終了時刻は体内時計で決められていますが、その体内時計の時刻を調整しているのが朝の光です。具体的なイメージとしては、朝の光を浴びてからだいたい14～16時間後にメラトニンの分泌が始まると考えてよいでし

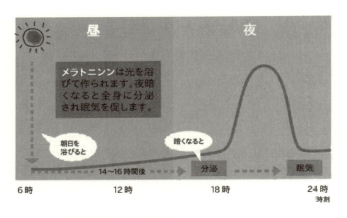

ょう。夜間時間帯に集中的に分泌されるので、暗闇（夜）を知らせるホルモン、ダークホルモンとも呼ばれます。ところが、メラトニンに関して注意しなければいけない点があります。メラトニンは、強い光の刺激を受けてしまうと分泌が抑制されてしまうという点です。日中はそれによって目が覚めますからよいのですが、夜間に明るい照明や青い光を浴びるとせっかく増加したメラトニンが低下し眠気が飛んでいってしまいます。そのため夜は出来るだけ強い光は受けないようにして過ごすことが必要なのです。

(5) 朝の光で体内時計をリセット

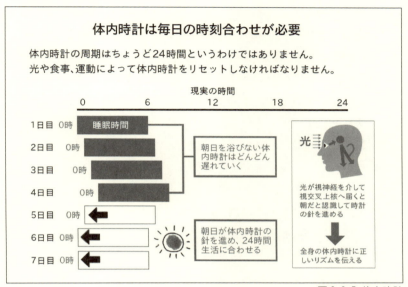

図 2-3-7 体内時計

　体内時計のリセットに最も大きな力を発揮するのが朝の光です。
　朝、目から光が入ると、視交差上核という体内時計の中枢は、いま朝であることを感知し、体内時計の針を進めて時間合わせをします。もしこの時刻合わせが行われないと時差呆けのような心身の不調が続くことになってしまいます。この図は、暗い実験室の中で生活していると体内時計のずれによって睡眠をとる時間帯は日に日に後ろにずれていくものの、毎朝光を浴びるようにすると体内時計の針が進み、時間のずれが修正される様子を表しています（図2-3-7）。

[解説]

　国立精神・神経医療研究センターの三島和夫部長によると、日本人の体内時計周期は平均24時間10分程度だそうです。現実社会の1日は24時間ですから、多くの人では体内時計の時刻合わせをしてあげないと生活時間帯は毎日どんどん後ろにずれていってしまいます。このずれは、夜更かしや夜勤、極端な朝寝坊などによっても増幅されます。

　朝の光の刺激は、時計の針を進めるだけでなく、いまが朝でありこれから活動する時間だということを体にしっかりと知らせて体の活動をONにする働きももっています。私たちの健康や生活を維持するためには、毎朝しっかりと時刻あわせをしたうえで一日の活動開始のためのスイッチをきちんとONにすることが欠かせないのです（体内時計のリセットという表現は厳密には正確な表現ではありませんが、ここではわかりやすさを優先して使用しています）。

朝は体内時計を合わせて体のスイッチをON！
毎日同じ時間に起きて太陽の光を取り入れましょう

・目が覚めたら早めに日光を取り入れる。
　（2,500ルクス以上で15分〜30分以上）
・朝の通勤も体内時計のリセットには効果的。

図 2-3-8　体内時計を合わせてリセット

このように良質な睡眠を得るには、毎朝しっかりと目から光を取り入れて体内時計のリセットを行うことが第1のポイントとなります。
　このとき気をつけなければならないのが、光を取り入れるタイミングと光の強さです。同じ光でも午前の遅い時間の光にはリセットする効果はほとんどありません。リセットする効果を得るには、できるだけ朝の早い時間、遅くとも朝9時頃までには光を取り入れる必要があります。
　光を取り入れる時間も、毎日できるだけ同じ時間にした方が体内時計のずれは少なくなります。労働者の多くは、平日は朝の通勤時に光を取り入れ、うまく体内時計のリセットができていると考えてよいでしょう。しかし、休日に遅くまで寝坊していると体内時計のリセットがうまくできないので注意が必要です。

[解説]
　時刻合わせの効果は、朝の早い時間に浴びる光の方が高いことが分かっています。深部体温（脳を含めた体の内部の体温）は通常明け方の5時頃に最低となりますが、それ以降（だいたい5時30分から遅くとも9時の間）に光を浴びると体内時計は前進し（早まり）、後ろにずれた体内時計をもとに戻す作用があります。12時頃になるとそうした作用はほとんどなくなります。逆に、夜勤などで深部体温が最低になる前に光を浴びてしまうと体内時計は後退して（遅れて）しまいます。

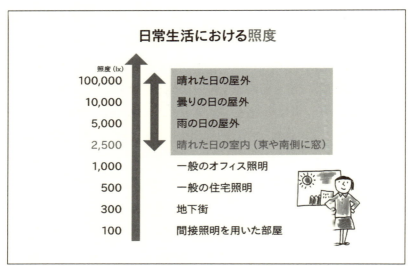

図 2-3-9 日常生活における照度

　リセットに必要な光は、2500ルクス以上の明るさが必要と考えられています。参考までに日常生活におけるおおよその照度を示します（図2-3-11）。ある程度晴れた日でしたら、窓から差し込む太陽の光によって室内でも十分な明るさはあります。曇りや雨の日でも屋外なら5000〜10000ルクス以上ありますので十分です。休日など、太陽光が差し込まない部屋でいくら蛍光灯をつけても体内時計をリセットする明るさには不十分ですので気をつけましょう。

[解説]

　体内時計を前進させるには太陽光の強さが必要ですが、体内時計を後退させる夜間の光は蛍光灯やLEDの光でも十分な効果を持っています。睡眠相後退症候群（体内時計が後ろにずれてしまい、朝起きるのが困難な状態）の治療などでは、太陽光の代わりに高照度光を発生する光療法器具を用いることもあります。

(6) 体内時計と規則正しい食事

> 朝は体内時計を合わせて体のスイッチをON！
> ## 規則正しい食生活を
>
> **朝食を欠かさないようにしましょう。**
> ・朝食も体内時計の時間合わせのための大事な習慣です。
> **遅い夕食は軽めにすませましょう。**

図 2-3-10 規則正しい食生活

　光の刺激ほどではありませんが、体内時計のリセットには規則正しい食事も必要と考えられています。朝、昼、晩と毎日同じリズムで内臓を動かすことは、体内時計のリズムの安定化に役立つ可能性があります。朝食は体内時計をあわせると同時に体温を上げて体のスイッチをONにする働きももっています。

　夜の遅い時間にお腹いっぱい食べることは避けるべきです。寝る前に食べすぎて満腹にしてしまうと、食物の消化のため消化器官が活発に動いてしまい睡眠を妨げます。夕食が遅くなった場合には、軽めの消化の良いもので済ますようにしましょう。

> ［解説］
> 　毎朝規則正しく朝食を取っていると、起床する1時間くらい前から消化管が動き出すようになるため朝目覚めやすくなるとの報告もあります。
> 　夜の寝つきに対しては満腹だけでなく、強い空腹も望ましくありませんので消化のよい軽いものをとって空腹感を満たしてあげるとよいでしょう。

(7) 睡眠に対する運動の効果

規則的な運動習慣を

・運動にも体内時計の時間合わせを
　する働きがあります
・体が疲れることで睡眠圧が上昇して
　眠りが深くなります
・日中の体温が上ることで体温勾配が
　大きくなり眠りが深くなります

図 2-3-11　規則的な運動習慣

　体内時計のリセットに大事なもう一つは運動習慣です。日中の運動による体温上昇の刺激は、体内時計のリセットにも役立つことがわかっています。また、運動による適度な疲労の蓄積は睡眠圧を上昇させ、寝つきをよくし、睡眠を深くする作用もあります。さらに運動による日中の深部体温の上昇も夜の睡眠の質を高めるための重要なポイントとなります。

　「夜になると眠くなる仕組み」の中で、体内時計は深部体温のリズムを刻んでいると説明しました。夜になると深部体温が低下して眠る準備を整えていきます。このとき、深部体温が低下するスロープの勾配が急になるほど睡眠の質は良くなることがわかっています。日中運動する習慣のある人は、このスロープの勾配が強くなることから、睡眠の質が良くなる傾向があります。

[解説]
　体内時計のリセットの効果は、光刺激には及びませんが、運動が睡眠の質（寝つきのよさや深睡眠の増加）に与える影響は非常に大きいと考えられています。

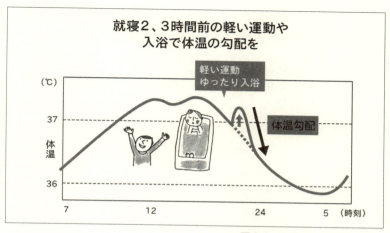

図 2-3-12 就寝前の体温の勾配

　この図は、夕方の運動や入浴が深部体温の下がり方に与える様子を示したものです（図2-3-14）。体内時計にしたがって徐々に下降する深部体温は、運動や入浴を行うと再び上昇するため、その後の深部体温の低下の勾配を急にすることができます。深部体温を上げるためには速足歩きやジョギングなどの軽い運動を20〜30分もすれば十分です。もちろん、昼間の運動も日中の深部体温全体を強く押し上げることになりますから、深部体温の勾配を大きくするのに非常に有効です。39℃〜40℃のぬるめのお湯にゆっくり入浴することで軽い運動と同じような効果を得ることもできます。ただし、眠る直前に激しい運動や入浴をすると深部体温はしばらく上がったままになり、かえって眠りづらくなってしまいます。運動や入浴、寝る2〜3時間前に済ませるようにしましょう。

　ちなみに、深部体温は昼過ぎにも少し下がってしまう傾向があります。そのため昼過ぎにある程度の眠気を感じるのは自然なことなのです。

[解説]

　先に解説した通り、深部体温と睡眠には密接な関係があります。ここでは、わかりやすさを優先して、深部体温が下がることで睡眠が導かれるような表現をしていますが、厳密には、深部体温（＝脳の温度）を下げようとして駆動される生体現象が睡眠であると解釈されます。もちろん、正確な表現を用いて説明していただいても結構ですが、いずれにせよ良質な睡眠のためには、体温勾配を強める生活習慣は大切です。

　夕方の入浴や運動が深部体温上昇に与える効果は人によって大きく違うので注意が必要です。通常、42〜43℃のお湯では、体の表面温度は上がるものの深部体温はそれほど上昇しません。できれば40℃弱程度のぬるま湯が効果的と考えられています。熱いお湯の場合は、半身浴や足浴の方が効果的との報告もあります。運動についても、あまりにも軽い運動では、深部体温は上昇しないためうっすら汗をかく程度の運動が必要になります。30〜50% VO_2max レベルで15〜30分有酸素運動を行うと、深部体温はだいたい0.5℃前後上昇しますが、これでも十分体温勾配を強めることができます。

(8) 夕方以降のカフェイン制限

　「夜になると眠くなる仕組み」の中で、良質な睡眠のためには、夜は緊張系の交感神経が静まり、安静系の副交感神経の働きが高まることが必要であると説明しました。こうした自律神経の自然な動きが邪魔されると、良質な睡眠は妨げられてしまいます。

　代表的な邪魔者はカフェイン、タバコ、アルコールです。カフェインは交感神経を刺激し、覚醒レベルを上げます。また、カフェイ

ンには利尿作用もあるため、膀胱に尿が溜まりやすくなり途中覚醒の原因にもなってしまいます。カフェインの覚醒作用は4〜8時間続くことが多いため、夕方以降はカフェインの摂取は避けるべきです。自分は眠る直前までコーヒーを飲んでも眠れるという方もいますが、コーヒーを飲まずに眠った方が睡眠の質はよくなります。タバコに含まれるニコチンも吸入直後はリラックス効果がありますが、その後は覚醒効果が出てしばらく続きますので眠る前は避けるようにしましょう。

図 2-3-13 カフェインの覚醒作用

［解説］

　睡眠衛生教育の中心となるのが、夕方以降のカフェイン制限です。カフェインは、睡眠を引き起こす物質であるアデノシンの作用を阻害し、眠気を減らし、覚醒度を上げます。一般的には4〜8時間の覚醒作用としていますが、人によっては10時間以上覚醒作用が持続することがあります。不眠の訴えがある場合や睡眠薬服用者には、まず徹底したカフェイン制限を行う必要があります。タバコも1時間近く覚醒作用がありますので注意が必要です。

カフェイン含有の有無（参考）			
カフェイン有		カフェイン無（≒または少）	
コーヒー	ココア	麦茶	そば茶
紅茶	チョコレート	ハーブティー	ほうじ茶（少量）
緑茶	栄養ドリンク	杜仲茶	牛乳
ウーロン茶	サプリメント	ハブ茶	甜茶（てんちゃ）
コーラ	総合ビタミン剤	コーン茶	
ココア		カフェインレスコーヒー	

図 2-3-14 カフェイン含有の有無

　カフェインはコーヒー以外にも色々なものに入っています。いわゆる栄養剤などにも結構含まれているので注意が必要です。表に示した飲み物を参考にして、夕方以降はコーヒーや緑茶に代わるお気に入りの飲み物を探してみてはどうでしょうか。

[解説]
　最近では、ノンカフェインの飲料も増えてきました。可能であれば睡眠教育の際に、ノンカフェインのお茶やコーヒーなどを準備して実際に体験してもらうととても効果的です。

(9) 毎日の寝酒は不眠のもと

　注意を要するのが寝酒です。アルコールには催眠作用がありますが、2～3時間経つと逆に覚醒作用が出現し睡眠を浅くしてしまいます。またアルコールには利尿作用もあるため、尿意により覚醒しやすくなります。これらの作用のため寝酒をすると、睡眠は浅くて途切れがちになり、質の悪い睡眠になってしまいます。適量の晩酌や少量の寝酒の習慣はあるものの、その酒量がほとんど変わらない方でしたらそれほど心配する必要はありません。しかし、長期間毎日

寝酒を続けているうちに同じ酒量では効果が得られなくなり、飲酒量が増えている方は注意が必要です。そういう場合には、保健スタッフに相談して減酒にとり組んでみましょう。お酒とのつき合いは、生活習慣病の予防と同じで、適量を晩酌として楽しみ、きちんと休肝日を設けながらつき合っていくのが良さそうです。

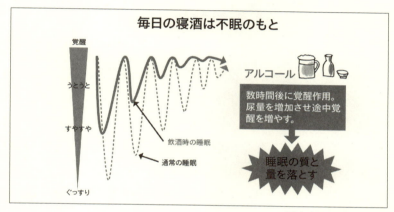

図 2-3-15 寝酒と不眠

[解説]

　睡眠薬は怖いからと睡眠薬代わりにアルコールを摂取する人が多いようですが、実際にはまったく逆で、寝酒が不眠の原因になっていることが少なくありません。睡眠薬の使用にはプラスマイナスありますが、依存を生じる程度の寝酒を常用するよりは、睡眠薬をときどき服用するほうが安全といえます。依存が形成された状態で寝酒を中止すると、数日間寝酒開始前よりもひどい不眠が出現することがあるため、なかなかやめられないという悪循環になってしまいます。必要な減酒ができずアルコール依存の可能性がある場合には、専門医への相談を促すことも必要です。

(10) 適切な睡眠環境

刺激を避けて寝るための環境を整えましょう

 寝る前のパソコンやゲーム，スマートホンなどの使用は避けましょう。

 夜間の照明は間接照明や暖色系の照明を使用するとよいでしょう。

 寝室はできるだけ暗く静かな状態に保つ。
室温は暑すぎず寒すぎずで。

図 2-3-16 適切な睡眠環境

　夜の明るい光の刺激は、交感神経を刺激し、また、眠りのホルモンのメラトニンを簡単に低下させてしまいます。寝る直前までパソコンやスマートフォンを使う習慣の方も少なくないでしょうが、光の刺激と緊張によって眠りの準備を邪魔しますのでできる限り避けるようにしましょう。

　居間や寝室の環境も睡眠には大切です。メラトニンは持に青色や白色の光刺激に反応しやすいので、夜間の居間や寝室の照明はメラトニン分泌に影響を与えにくい暖色系の照明や光の弱い間接照明などを使用すると理想的です。白色の蛍光灯や青色光を含むLED電球しかない場合にも、生活に支障をきたさない範囲で照明を落とすことが望ましいでしょう。睡眠中もできるだけ暗く静かな状態に保つことが大事です。

　睡眠に適した室温については、個人差がありますので自分の好みの温度で良いでしょう。ただ、あまり暑いと深部体温も下がりにくくなるため、夏の熱帯夜ではクーラーが苦手な方でも少なくとも最初の3時間くらいはクーラーを使用した方が良いでしょう。また、冬場は室温が低すぎると交感神経が緊張して眠りにくくなることがあります。寝室の温度は暑すぎず寒すぎず、自分にとって快適な温

度に設定してください。

[解説]

　先述したように、夜間の強い光は、体内時計を後退させるだけでなく、メラトニン分泌をはじめとする様々な睡眠への準備状態を阻害してしまいます。そのため夜間は強い光刺激を避けることが重要です。とくに青色光は、白色光よりも鋭敏な阻害作用を持つので、夜間は青色光が含まれるLEDを使った機器の使用は少なくすることが望ましいといえます。

　部屋を明るくしたまま眠る方もいますが、明るい状態ではメラトニン分泌も抑制されるため良質な睡眠は得られにくくなってしまいます。逆に真っ暗だと寝付きが悪いという方は、10ルクス程度の明るさでしたら睡眠を妨げることはありませんのでフットライトなどを使用してもよいでしょう。静かすぎると寝つきが悪くなるという方の場合などには、あえて少音量の刺激の少ない音を流すと寝つきが良くなることがあります。

(11) リラックスするための睡眠儀式を

図 2-3-17 リラックスするための睡眠儀式

　寝床に入ると他からの刺激が少ないため、日中以上に心配事に集中してしまいがちです。どうせ入眠前になって出来ることはないわけですから、「心配事は明日起きてから！」と腹をくくり心配事は

極力寝床に持ち込まないようにしましょう。

　良い睡眠を得るためには、交感神経を高める刺激を避けるとともに、積極的に副交感神経を高めるための自分なりのリラックス法を持つことが非常に効果的です。「眠る前に必ずこれをするとリラックスする」というルーチン、いわゆる「入眠儀式」を繰り返しているうちに、少々交感神経が興奮していても入眠儀式によって自動的に副交感神経が優位になり、楽に入眠できるようになります。

　リラックス法には、音楽、アロマテラピー、軽い本を読む、漸進的筋弛緩法(ぜんしん)、腹式呼吸、ペットと触れ合うなど様々な方法がありますが何でも構いません。何か一つ自分がリラックスできる方法を見つけて実行してはいかがでしょうか。寝る前にホットミルクやハーブティーを飲む習慣を持っている方もいると思いますが、寝る前の水分のとりすぎは夜間の尿意で目の覚める回数が増えることになり注意が必要です。

[解説]

　入眠儀式は、もともと入眠の際の暗闇を怖がる子供の不安軽減のために、毎晩親が行っているルーチン行動(たとえば子守唄を歌うなど)として注目されてきましたが、成人においても"これから睡眠に入る"という条件づけに非常に効果的であり、眠るための命令を脳と体に自動的に伝えてくれることがわかっています。入眠儀式として行うルーチンは何でもよいのですが、できれば、副交感神経を刺激するような行動がより望ましいでしょう。臨床研究では、漸進的筋弛緩法が最も有効と報告されています。サイトには、漸進的筋弛緩法を説明したスライド資料がアップされていますので、必要に応じてダウンロード、集団教育や個人保健指導で活用してください。

(12) 休日の過ごし方に気をつけましょう

図 2-3-18 休日の過ごし方に気をつける

　次に、休日の睡眠のとり方について説明します。
　労働者の睡眠リズムは休日に崩れることが少なくありません。休日の睡眠習慣のポイントは、朝寝坊しすぎないこと、昼寝は短くすることの二つです。平日の睡眠不足を解消しようと休日に長めの睡眠をとることは決して悪いことではありませんが、10時以降まで寝坊してしまうと、体内時計をリセットするタイミングを逸してしまいます。もし土日とも寝坊して2日間連続でリセットを行わないと体内時計はずいぶん後ろにずれてしまいます。その結果、週末に軽い時差ぼけ状態となってしまい、つらい状態で月曜日が始まることになってしまいます。土曜日の寝坊は仕方ない場合もあるでしょうが、せめて日曜日は9時頃までには起床して朝の光を取り入れるようにしましょう。
　週末は昼寝をしてしまうことも少なくありませんが、30分以上の昼寝は、その日の夜の睡眠を妨げてしまうので、昼寝はできるだけ30分以内におさえましょう。

[解説]

　平日の睡眠不足の蓄積（これを睡眠の借金、睡眠負債と呼びます）を解消するために、週末に睡眠時間を多めにとるのは決して悪いことではありません。しかし、5日間連続でためた睡眠負債を週末2日間で完全に返済することはできません。必ず睡眠負債は残ってしまいます。睡眠負債を生じさせないためには、平日の睡眠時間をきちんと確保するしかありませんが、それが難しい場合でも、たとえば週半ばの水曜日は必ず睡眠時間を確保するなどして、睡眠の借金が膨らまないようこまめに返していくことが大事です。

　どうしても土曜日はたっぷり寝てしまうという人でも、どうにか日曜日の朝寝坊と昼寝は最小限におさえるようにしたほうがよいでしょう。昼間の眠気はだいたい30～40分すれば過ぎ去ることも少なくありません。昼間の活動に支障がないのであればどうにか眠気をやり過ごして睡眠圧を夜の睡眠のためにとっておきましょう。そのほうが日曜日の睡眠の質が高まり、1週間のスタートがよりスムーズに切れるようになります。

　それでも週末はもっと眠りたいという人は、起床時間を遅らせるだけでなく普段より早めの就床を試してみるのも手です。体内時計は後ろにずれる性質があるため一般的には普段よりも早い時間に眠るのは難しいのですが、実際にかなりの睡眠負債がある場合には、睡眠圧が高まっているため普段より早めの入眠も可能になります。

　週末せっかく早めに起きたとしても、自分の部屋で過ごしてばかりでは上手く光を取り入れることができません。朝起きたらしばらくは明るい部屋で過ごすようにしましょう。もし散歩でもできれば、太陽の光と運動の両方の刺激を受けられて体内時計のリセットには理想的です。

(13) 保健スタッフや睡眠の専門家への相談

次の場合は産業保健スタッフか
睡眠専門医に相談しましょう

1. 長時間眠っても日中の眠気で
   仕事・学業に支障がある場合
2. 睡眠中の激しいいびきや呼吸停止
   ⇒これらの場合は、睡眠時無呼吸症候群(SAS)の疑いがありますので、近隣のSAS専門医を受診してください。
3. 下肢のむずむず感や異常運動
   ⇒睡眠障害専門医を受診してください。(睡眠学会のHPで睡眠医療認定医の情報を得られます)
4. 睡眠薬を飲もうかと考えたとき
   市販薬は安易に長期間服用せず、医師にかかってください。

図 2-3-19 専門家への相談

　ここまで、良質な睡眠を得る方法について説明しましたが、もし次に当てはまる場合には、自分で解決を図るのではなく保健スタッフや睡眠の専門家と相談することが大切です。

　日中に強い眠気を感じるときは、夜に良質な睡眠を得られていない可能性があります。十分な時間眠っても日中の眠気で仕事や生活に支障を来している方は、是非保健スタッフに相談してみましょう。これが一つ目のポイントです。

　睡眠中の激しいいびきや呼吸停止を指摘されている方の場合、睡眠時無呼吸症候群の可能性があります。睡眠時無呼吸は、睡眠中にのどの筋肉がゆるんで気道が閉塞して十分呼吸ができなくなる病気です。低酸素のため息苦しくなって眠りが浅くなるため日中に強い眠気を生じさせることがあります。下顎が小さく、首が短く、肥満の方に多い傾向があります。睡眠時無呼吸症候群を疑がわれる方は、睡眠時無呼吸症候群の専門医療機関を受診されることをお勧めします。

第 2 部　簡易型認知行動療法を心身の健康生活にいかす

寝る前の安静時に下肢がむずむずするなどの強い不快感が出現し、その不快感が足を動かすことにより軽減する場合、または眠っている間に指や足首、膝などの異常運動が周期的に出現する場合には、むずむず脚症候群や周期性四肢運動障害などの睡眠障害の可能性があります。この場合には、睡眠医療の専門医を受診してください。最寄りの睡眠医療認定医は睡眠学会のホームページで探せます。

　不眠が強くて睡眠薬を飲もうかと考えたときにも、是非その前に保健スタッフ等に相談してください。不眠には色々な原因がありますので、すぐに睡眠薬に頼るのではなく、不眠の原因を調べたり睡眠薬以外の方法で改善できないか相談することが大事です。市販薬を安易に長期間服用することもお勧めできません。

　以上で、健やかな睡眠のための教育は終わりです。これを機会に皆様の睡眠がより良いものになることを願っています。

[解説]
※専門的な治療が必要な睡眠障害については、後述の「睡眠障害のスクリーニング」を参照してください。

個別睡眠教育の準備

睡眠衛生教育が終わると、次に個別の睡眠教育の準備をします。

相談者には、個別教育の前に、現在の睡眠習慣の調査と自分の睡眠状況を把握するための睡眠日誌の記録をしてもらいます。

睡眠習慣の調査には、「睡眠習慣チェック票」を用います（図2-3-19）。

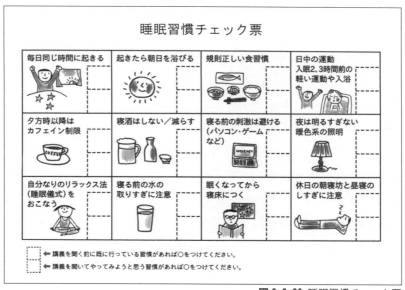

図 2-3-20 睡眠習慣チェック票

この「睡眠習慣チェック票」には、睡眠衛生上ポイントとなる睡眠習慣がリストアップされていますので現在の睡眠習慣を簡単にチェックできます。（注：本チェック票には睡眠衛生以外に行動療法の内容「眠くなってから寝床につく」も含まれています）睡眠日誌もサイトにアップされているのでダウンロードしてお使いください（最

近ではスマートフォンで記録できるものもありますので、そういったものも利用するのも良いと思います)。

　睡眠日誌には、就床時刻（ベッドに入った時刻）、入眠時刻（実際に眠り始めたと思われる時刻）、中途覚醒時間（途中で目覚めていた時間）、起床時刻などを記録します。後述する睡眠制限法などでは、これらの記録から、床上（しょうじょう）時間（ベッドに入っていた時間）や睡眠時間（実際に眠っていた時間）、睡眠効率（睡眠時間÷床上時間×100〔%〕）などの数字を算出して自分の睡眠状態の分析に用います。睡眠効率は睡眠の質の指標となります。睡眠日誌には、睡眠状態だけでなく、昼間の眠気や睡眠に対する満足度、アルコールやカフェインの摂取状況、その他生活上のストレスやイベントなども記録します。睡眠日誌は、毎朝起床時につけるようにお願いしますが、慣れないうちは睡眠日誌をつけることにストレスを感じる方もいます。入眠時刻や中途覚醒時間を正確に記録しようなどと意気込んでしまったらそれだけで不眠になってしまうかもしれません。これらの時間はだいたいで構いません。睡眠日誌は、睡眠状況の大まかな傾向を把握することを目的としています。最初のうちは、就床時刻と起床時刻の記録だけでも十分です。それでも、これを1～2週間毎日記録していくと、自分の睡眠のパターンや課題が浮かび上がってきます。

　この他、睡眠に関連した症状を調べるための質問票や日中の活動への影響、睡眠に影響を与える疾患や治療薬使用の有無、普段の生活習慣や睡眠環境、その他睡眠に関する疑問点などについて事前アンケートに答えておいてもらうと個別教育がスムーズに行えます。

　高い妥当性が示されている質問票としては、ピッツバーグ睡眠質問票（Pittsburgh Sleep Quality Index：PSQI）があります。これ

は、睡眠の質や睡眠状況の他睡眠薬の使用や日中への影響などを包括的に評価できる調査票であり研究などで広く用いられていますが、若干質問項目が多くスコア化も煩雑という欠点があります。

　主に不眠の状態を調べるのであれば、簡便なアテネ不眠尺度などでも十分と思われます。また、不眠を訴える方の中には、「必ず8時間寝なければいけない」などといった睡眠に対する不適切な思い込みを持った方も少なくありません。そうした傾向を調べる質問票として、睡眠に対する非機能的な信念と態度質問票（Dysfunctional Beliefs and Attitudes about sleep Scale; DBAS）があります。また、睡眠教育の目的によっては、ストレスの程度やQOLを調べるアンケートを行うこともあります。

　サイトには、「睡眠習慣チェック票」はじめ事前調査で使用可能な調査票がアップされていますのでご利用ください。最近では、体動計や脈波解析によって得られた客観的なデータを用いて睡眠状態を記録する機器も出てきています。もしこれらを使えるならば、睡眠状態のより正確な把握に役立ちます。サイトには、これらの機器を使った睡眠状態評価の実例等もアップしてありますのでご参照ください。

個別睡眠教育の実践

　認知行動療法の基本である共感的な関係の構築は、個別睡眠教育でも不可欠なものです。睡眠の問題というとその他の心理的な相談などに比べ気軽なイメージがあり、面談も睡眠衛生や睡眠スケジュール法など睡眠行動療法の知識を与えれば済むと考えがちですが、そうではありません。確かに、睡眠教育では睡眠衛生に関する知識教育の割合が大きいですが、それでも一方的に情報を与えるだけで長年続けてきた睡眠習慣を変えることは簡単にはできません。

　「ちょっと眠れないだけで……」と案外平気そうにしている相談者の多くも、いろいろな心配や不安を抱えています。日本人の不安の特徴として心気的不安（些細な身体的不調に過度にとらわれ、病気の存在やこれからの病気の発症について強い不安を感じる）が挙げられますが、良く眠れないという悩みはこの心気的不安を有意に高めます。また、寝床に入ると他からの刺激が少ないため、普段以上に心配事に集中してしまいます。また、十分頭が働いていない夜間帯は、生理的に楽しいことは考えにくくなりネガティブな思考や感情が優勢になりがちです。そのため、夜眠れないという症状は、多くの人によってかなりつらい体験になっています。

　不眠で死ぬわけではないし、よくある問題だからということで、保健職も不眠の悩みを軽視しがちですが、相談者のこうした悩みや不安に十分耳を傾け、共感的な態度を示しながら教育を進めないと睡眠教育の成果もあがりません。本マニュアルで詳解されているように共感的な関係性を構築することは、相談者と一緒に具体的な方策を探っていく今後の共同作業のための大きな礎(いしずえ)となります。

睡眠教育における症例（事例）の概念化・定式化

「よく眠れない」という訴えの背景には、不眠症という診断だけでは説明しきれないたくさんの要因がからまっています。また、睡眠教育のターゲットとなる相談者の睡眠習慣も、仕事や家庭の事情、相談者の抱える問題や心理状態、睡眠に対する考えなど様々な影響を受けています。そのため、睡眠教育では、相談者の症状や診断だけにこだわることなく、相談者を取り囲む心理社会的な要因にも十分目を配りながら、みたてと支援を進めていかなければなりません。

　たとえば、「夜中に目が覚めてそのあとなかなか寝付けない」という訴えにおいては、皮膚炎による夜間の搔痒や泌尿器疾患による頻回の尿意の影響などがあるかもしれません。また中途覚醒すると決まって考えてしまう仕事上の悩みの影響かもしれませんし、寝室環境の問題や介護の問題が存在する場合もあるかもしれません。こうした訴えに対し、「中途覚醒があるので、睡眠制限法（就寝時間を遅くして睡眠の効率を上げる方法、後述）をやりましょう」といっても、本当の支援にはならない場合があります。場合によっては（介護活動がある場合など）、中途覚醒の解決よりも、日中の休憩方法について一緒に考えることの方が大事なこともあるかもしれません。

　睡眠の個別教育においては、相談者を一人の人として総合的にとらえ、相談者の訴えの背景にあるものは何なのか、そしてどういったところから問題の解決を図っていくべきかについて、可能な限り幅広く情報を収集し、相談者の声をよく聞きながら一緒に問題解決を図っていく姿勢が必要です。

睡眠障害のスクリーニング

　保健職による睡眠教育の対象は、健康増進や予防のために睡眠の改善を目指している方や、不眠をはじめとする睡眠問題（睡眠に関する習慣や考え方に働きかけることによって改善できる問題）を抱えた方です。それ以外の睡眠障害や疾患を有する場合には、専門医療機関での治療が優先されます。そのため、睡眠教育の前にそうした睡眠障害や疾患をスクリーニングし、専門医療機関への紹介を行う必要があります。こうしたスクリーニングには、「睡眠障害のスクリーニングガイドライン」が有用です（図2-3-21）。簡単な睡眠障害の説明の表もあわせてご覧ください（表2-3-1）。睡眠障害についてのさらに詳細な説明については、サイトに掲載していますので参考にしてください。

　また、上記以外の不眠の原因となる主な身体疾患や薬物等として、下記のものがありますのでこれらについても事前にチェックをしておく必要があります。

・疼痛性疾患、掻痒感を伴う疾患、頻回の尿意を生じる疾患
・呼吸疾患（慢性閉塞性肺疾患、気管支喘息）
・甲状腺疾患
・脳神経疾患（パーキンソン病、認知症、脳血管障害）
・身体疾患の治療薬（鎮痛剤，甲状腺製剤、テオフィリン、ステロイド剤）
・抗うつ薬
・その他カフェインやニコチンを含むものなど

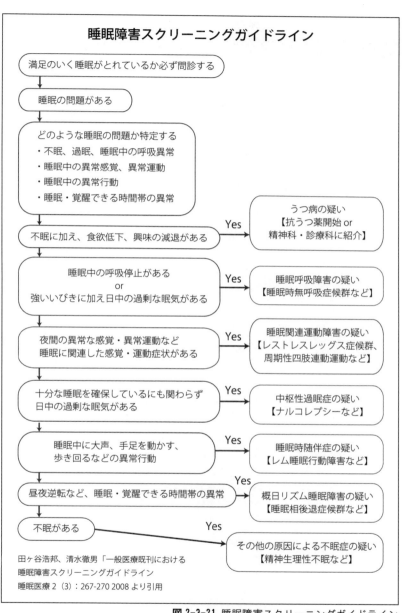

図 2-3-21 睡眠障害スクリーニングガイドライン

睡眠障害の個別解説

用語	解説
うつ病	患者の約8割に不眠が、1割に過眠（日中の眠気や長時間睡眠）がみられる。興味や意欲の減退がみられる場合には、うつ病を疑う。
睡眠時無呼吸症候群	睡眠中に無呼吸や低呼吸が出現する。深い睡眠がとれず、日中の強い眠気や居眠り（過眠）が出現する。高血圧、糖尿病、高脂血症と関連し、中等症以上では冠動脈疾患、脳血管障害、眠気による事故などが生じるため治療が必要。
レストレスレッグス症候群（むずむず脚症候群）	夜間に下肢や上肢に生じる異常感覚により不眠が生じる。以下の4つの特徴がすべてそろえば、診断される。a) 下肢や上肢を動かしたくなる強い衝動、b) ムズムズ、電撃痛などと表現される、c) 上下肢を動かすことで症状が軽減、d) 夕方から夜間に出現もしくは増悪する。鉄欠乏性貧血、人工透析、妊娠、抗うつ薬により出現することもある。
周期性四肢運動障害	夜間に下肢や上肢にミオクローヌス様の不随意運動が繰り返し出現するため不眠もしくは日中の過眠が生じる。運動症状を自覚していない患者が多い。ムズムズ脚症候群に合併することもある。
中枢性過眠症（ナルコレプシーなど）	夜間に十分な睡眠をとっているにもかかわらず、日中に過眠が生じる。日常の睡眠時間が短すぎる睡眠不足症候群、向精神薬等による過眠、リタリン依存者などとの鑑別が必要。診断にはポリソムノグラフィー検査と翌日中の反復睡眠潜時測定検査の実施が望ましい。
睡眠時随伴症（レム睡眠行動障害）	通常、レム睡眠時は運動系の神経伝達が抑制されるが、レム睡眠行動障害ではこの機能が障害され、夢のなかの言動と一致した大声の寝言や粗大な体動が出現する。せん妄と異なり、症状出現時に覚醒刺激を与えると速やかに覚醒でき、異常行動と一致した夢内容を想起することができる。
概日リズム睡眠障害（睡眠相後退症候群）	体内時計の調整異常のため、明け方まで入眠できず、一旦入眠すると午後まで覚醒できない。精神障害、他の睡眠障害、自閉生活、薬剤による過鎮静などで二次的に同様の症状が引き起こされることがある。
その他の原因による不眠症（精神生理性不眠）	眠れない日々を繰り返すうち、不眠への恐怖そのものにより不眠が増悪する悪循環に陥った状態。身体疾患、精神障害、嗜好品、生活習慣、薬剤などによる不眠と鑑別が必要。

表 2-3-1 睡眠障害の個別解説

田ヶ谷浩邦、清水徹男「一般医療機関における睡眠障害スクリーニングガイドライン 睡眠医療 2 (3)：267-270 2008」より引用

睡眠習慣の評価

　何となくよく眠れないというだけでは、解決の糸口を見出すのは困難です。簡易睡眠行動療法では、事前に睡眠習慣チェック票や睡眠日誌などを記録してもらいますが、これは相談者自らが自分の睡眠状況や睡眠習慣の問題に気づいたり、その後の解決の糸口を考えるための良い機会となります。

　睡眠教育の基本は、自分自身によるこれまでの睡眠習慣の評価と今後の目標設定です。そのためにも、睡眠衛生に関する知識の整理と、自分自身の睡眠習慣の振り返りは非常に重要となります。睡眠衛生に関する知識教育は集団教育で行われるケースが多いでしょうが、個別教育の中でも睡眠習慣チェック票などを用いながら再度きちんと確認する必要があります。睡眠習慣チェック票をつけることで、今まで意識してこなかった自分の生活習慣の問題に気がつくことも少なくありません。

睡眠状況の把握と問題点の整理

　毎日睡眠日誌をつけ1〜2週間分をまとめて眺めてみると、相談者はこれまであまり意識することがなかったことに気づくことがよくあります。

　たとえば、入眠困難や中途覚醒による不眠を訴える方には睡眠不足を補うために睡眠時間をできるだけ長く確保しようと考えている方が多くいます。ところが、睡眠日誌をつけてもらうと、必要以上に早い時間に就寝した日の方が、かえって入眠まで時間がかかり中

途覚醒が増えていることや、逆に、普段より就寝時間が遅い日の方が睡眠効率が高まり熟眠感が改善されていることに気づくこともあります。

また、熟眠感のなさや昼間の眠気が、睡眠不足の影響と考えていたケースでも、睡眠日誌の結果、睡眠満足度や昼間の眠気は、意外と睡眠時間の長短には関係なく、それよりもカフェインの摂取時間や日中のストレスと関係していたことに気づくこともあります。なかには、眠ろうとしてもよく眠れなかった日の翌日はかなりの確率でよく眠れていることに気づいて、不眠に対する不安感も自然に安らぐケースもあります。

このように睡眠日誌をつけることで、相談者自らが自分の実際の睡眠の問題に気づき、問題を整理していくプロセスは非常に大切です。ただし、相談者は、睡眠日誌の見かたや問題の見つけ方に十分習熟しているわけではありませんので、適宜保健職が一諸になってこれらの作業をサポートする必要があります。睡眠日誌を見て気づくことが多いのは、やはり睡眠の恒常性維持機構や体内時計機構といった睡眠の原則に基づく睡眠状態の変動です。多くの睡眠問題の背景には、必要以上に長い就寝時間や仮眠、体内時計を乱す刺激や生活習慣といった課題が見出されます。保健職が、2つの原則を頭に入れながら相談者と一緒になって睡眠日誌や睡眠習慣チェックを見てあげるとよいでしょう。そうすると、ほとんどの相談者が、これまでの睡眠習慣の課題に気づくことができるようになります。

行動計画を立てる

　多くの場合、保健職は、相談者が抱えている問題に対して何をすれば効果的かある程度の道筋は立っていると思われます。
　しかしながら、保健職が一方的に、解決策を押しつけるのは避けなければなりません。睡眠習慣は長年にわたって形成されているため、これを変えて継続させる決心をしてもらうためには、相談者自身の意思決定のプロセスをしっかりと見守りながら支援する必要があります。
　たとえば、昼間の眠気をカバーするためにコーヒーを多飲することで、夜間の睡眠が妨げられているケースに対しては、カフェイン制限を勧めることが望ましいのは明らかです。しかし相談者は、夜の睡眠も大事ですが、昼間にきちんと仕事をこなすことの方がより大事だと思っていたり、以前コーヒー断ちをしたとき、日中に強い眠気に襲われて失敗した経験をもっているかもしれません。そのような相談者に対して、保健職が「コーヒーを減らすのが先決です」といっても、なかなか行動に移せないでしょう。こうした場合、しばらくの間相談者に行動記録表をつけてもらうのもいいでしょう。それによってコーヒーの杯数と眠気との間に思っていた程の相関がないことに気づき、コーヒーを減らすことへの不安が柔らぐかもしれません。
　どうするか決めるのはあくまでも相談者自身です。保健職には、どのようにすれば、この問題を解決できるか一緒になって考える態度が求められます。

また、ブレインストーミングの原則に基づいて解決策を並べてもらうと、〝眠くなったら歯を磨く〟とか、〝ツボを押す〟、〝10分だけ仮眠をとってみる〟など、自ら具体的な行動目標をあげてくれるかもしれません。

　話し合いの中では、認知行動療法のエッセンスでもある「負担が少ない方法で少しずつ」という視点を紹介してあげるのも有効です。そうすると、相談者はまずはコーヒーを一杯ずつ減らして様子を見てみるという行動を起こすかもしれません。その際、保健職は相談者が安心して行動実験ができるよう支えてあげれば良いのです。

　睡眠の問題の解決のための行動計画として実際にあげられることが多いのは、やはり睡眠衛生に関する生活習慣の見直しです。そのためにも睡眠衛生については、集団および個別教育でしっかりと教育を行って理解を深めてもらい、相談者自らが睡眠衛生上の問題に気づき対策を考えられるような準備を整えておくことが重要です。

　不眠の訴えが強い場合には、睡眠衛生に関することだけでなく、不眠の認知行動療法スキルである睡眠スケジュール法を紹介することになります。

睡眠スケジュール法

　不眠に対する行動療法として効果が高い方法は、刺激コントロール法と睡眠制限法です。これら2つの方法は一緒に組み合わされて実施されることが多いので、まとめて睡眠スケジュール法と呼ばれます。睡眠スケジュール法を行う際には、まずこれらの方法について相談者にわかりやすく説明し、十分理解してもらう必要があります。サイトには、睡眠スケジュール法の説明用のスライド資料がア

ップされていますので、これをプリントアウトするなどして使用してください。また、不眠の人を対象とした集団教育を行う場合には、集団教育用スライドに、最初から睡眠スケジュール法のスライドを追加しておくのもよいでしょう。ここでは、教育用スライドの説明と面談実施上のポイントについて解説をします。

刺激コントロール法

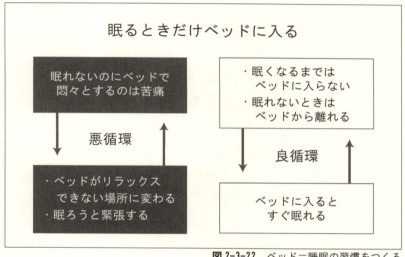

図 2-3-22　ベッド＝睡眠の習慣をつくる

「眠ろうと思ってもなかなか眠れない」。もしもそのような悩みがあったら、まずはこれまで述べてきた睡眠衛生のポイントを再確認して、改善できるところは改善してみましょう。それでもなかなか睡眠が改善しない場合は、次の二つの方法を試してみるとよいでしょう。

一つは、「眠るときだけベッドに入る」という方法です。眠れな

い日が続くと、昨日の睡眠不足を補おうと、眠れそうになくても早めにベッドに入りがちです。そして、眠れないとスマートフォンを操作したり、仕事のことや嫌な出来事のことなどを悶々と考えはじめてしまいます。しかしその習慣を長く続けていると、いつの間にかベッドがリラックスできない場所に変わり、「ベッド＝緊張」の構造ができあがってしまいます。ベッドに入ると目が覚める習慣がついてしまうのです。そして、夜になると眠れるだろうかと不安になり、いざベッドに入ると緊張して眠れないため、さらに眠れないことに対する不安が高まるといった悪循環に陥ります。居間のソファーでは眠くてあくびも出るのに、いざベッドに入ると目が覚めてしまうといった現象も起きてしまいます。

　こうした悪循環を断ち切るには、ベッドに入ったらすぐ眠れる「ベッド＝睡眠」の習慣を改めて作り直す必要があります。そのためには、眠くなるまではベッドに入らない、眠れないときはベッドから離れる、また途中で目が覚めて眠れないと感じたときも一旦ベッドを離れるという行動をしばらく徹底的に繰り返すことが大切です。

　こうすることで「ベッド＝睡眠」という習慣が定着するようになってきます。

[解説] 保健指導上のポイント

　睡眠などの生理的行動においては、パブロフの犬での実験として有名な条件反射が形成されやすいことが知られています。布団に入ったらすぐ眠れる人の体の中では、寝室やベッド、布団などを認識すると、それが条件となり反射的に眠りが誘発されるというサイクルができています。

　ところが、布団に入ってもなかなか眠れないというつらい経験が重なると、寝室やベッドの認識が反射的に緊張を生じさせるようになり、次第に不眠が生じてしまいます。こうした関連付けを解消し、寝室やベッドを直接睡眠と関連付けさせるのが刺激コントロール（Stimulus control）法です。

　刺激コントロール法の基本原則は、下記の通りです。

1) 眠くなってからベッドに入る。
2) 睡眠や性行為以外の目的でベッドや寝室を使用しない。
3) 15〜20分以内に眠れなければ、ベッドから出て他の部屋に行く。そして再び眠くなった時だけベッドに戻る。
4) 3) を繰り返す。
5) 睡眠時間の如何に関わらず、起床時間を一定に維持する。
6) 昼寝を避ける。

　非常に単純な方法ですが、国際的な不眠症の治療ガイドラインでは睡眠薬治療にも劣らない不眠治療の標準的方法として位置づけられている優れた方法です。問題は、これを継続できるかどうかです。上記の行動を最初からすべて完璧にこなすのは無理な場合も多いでしょう。実行ペースは本人の選択に任せて結構です。はじめは、1) 2) の徹底をはかり、そのうち5)、6)、そして3) の徹底化を図るといった流れでもよいと思います。

睡眠制限法

```
眠りが浅い時は遅寝・早起きに
いつもより早く寝て
睡眠時間を長くとろうとすると…
・体内時計は後ろにずれようとするため普段より早く寝るのは難しい。
・眠れなくてベッドで悶々とする時間を増やすと不眠はひどくなる。
       ↓
かえっていつもより遅く寝て
早く起きた方が…
・遅寝の方が睡眠圧は高まり熟睡できる。
・翌日は早めに起きて光を取り入れれば、前日より早めの眠気の出現
 が期待できる（ただし日中の昼寝は厳禁！）。
```

図 2-3-23　睡眠制限法

　二つ目は、「眠りが浅いときは早寝・早起きではなくて、遅寝・早起きをする」という方法です。体内時計は遅い時間にずれようとする傾向があるため、眠気もないのに普段より早く寝ようとしてもなかなかうまくいきません。"眠れないけど、とりあえずベッドにいよう"とか"朝、早く目が覚めたけど、もう少しベッドにいよう"と思って、ベッドで悶々とする時間を増やすと不眠はますますひどくなることがわかっています。眠れないときや眠りが浅いときには、あえてベッドに入る時刻を遅くすることで睡眠圧を高め、十分眠気が強くなってからベッドに入る方が楽に入眠でき、また睡眠は深くなります。そして起床時間を若干早めて、朝起きたらしっかりと光を取り入れて体内時計の針を進めるようにすると、翌日には眠くなる時間が早い時間に進んでいき、次第に適切な時間に入眠できるようになります。ただ

し、せっかく寝る時間を短縮して睡眠圧を上げても、昼寝で睡眠圧を逃しては元も子もありません。日中眠くなったときは、ストレッチなどをして乗り切るようにしましょう。

[解説]

　不眠を訴える方の中には、睡眠時間にとらわれて、よく眠れていないにもかかわらず、時間だけはどうにか確保しようとしてベッドにしがみついている方もいます。睡眠の恒常性維持機構のところでも説明した通り、ベッドにいる時間（ベッドに入ってからベッドを出るまでの時間を床上時間といいます）が必要以上に長いと、睡眠圧は低下し、睡眠の質は低下してしまいます。睡眠制限法では、床上時間を、適正な睡眠時間に近づけることによって睡眠の効率と質を高めることを目的にしています。睡眠制限法では、睡眠日誌を用いてベッドに入った時刻、実際に寝付いたと思われる時刻、目が覚めた時刻、途中で目が覚めて起きていた時刻などから総睡眠時間や総床上時間、睡眠効率などを記録します。睡眠日誌とその使い方についてはサイトにアップされていますので、ダウンロードしてご使用ください。

　正式な睡眠制限法の実施方法は以下の通りです。

1） 睡眠時間に対する過度のこだわりを解く
   睡眠衛生教育で触れたように、睡眠時間は長ければ長いほど良いわけではないこと、必要以上の床上時間は睡眠の質を低下させ不眠を増悪維持させることを説明します。
2） 自分の睡眠の状況を把握する
   睡眠日誌を1～2週間分記録してもらいます。
3） 平均睡眠時間を計算する

睡眠日誌の記録をもとに、実際に眠っていた時間（睡眠時間＝床上時間－その間に起きていた時間）を計算し1〜2週間の平均睡眠時間を求めます。

4) 目標床上時間を計算し、就寝時間を設定する

夜中に起きていた時間は無駄な時間と考え、平均睡眠時間に15分足した時間を目標床上時間に設定します。（目標床上時間が5時間に満たない場合には、過度の睡眠不足になるのを防ぐため目標床上時間は5時間とします）そして起床すべき時間と目標床上時間から逆算して、就寝時間（ベッドに入る時間）を設定します。

5) 床上時間の90％以上実際に眠れていたら、就寝時間を15分早める

4) で設定した時間通りにしばらく就寝し、その後の睡眠日誌の記録から、睡眠効率＝実際の総睡眠時間÷総床上時間×100（％）を計算します。これが90％以上の日が5日以上続いたら、就寝時間をさらに15分早めます。こうした作業を繰り返して自分にとって適切な就寝時間を決めていきます。

　正直、これをきちんと実施するのは骨が折れる作業です。

　しかし頑固な不眠に悩まされている場合には、こうした作業を少しでも積み重ねていくことが必要になります。しかしながら、それほど頑固な不眠でない場合には、刺激コントロール法と合わせて、「眠くなるまではベッドに入らない」「それによって睡眠時間が短縮してもしばらくは我慢してみる」といったことから始めても十分かと思います。

　もちろん、残業などで必要な睡眠時間が確保されていない人に対して睡眠制限法を用いてはいけません。睡眠制限法は、必

要以上に睡眠時間にこだわりがある方や、睡眠状態誤認(実際はそれなりに眠れているのによく眠れていないと思い込む)がある方に有効な方法です。

フォローアップ

　教育後のフォローアップは、行動計画の実施状況の確認、計画通り進んでいない場合の阻害要因の分析と対処、成果の確認などのためにとても重要です。通常、最初のフォローアップは教育後2週間前後を目途に実施するのが良いでしょう。可能ならば、ホームワークとして睡眠日誌や質問票等の記録をお願いし、その結果に基づいて評価を行えると理想的です。面談でなくとも、メールや電話でのフォローアップでよいと思います。睡眠教育の場合、よく眠れることは、相談者にとって快の経験であるため、一度睡眠習慣の見直しや睡眠スケジュール法を実施して上手くいくと、それほど高頻度にフォローしなくても定着しやすいといった傾向があります。一方、うまくいかなかった場合には、そのことを責めるのではなく阻害要因の分析やその対策、新たな試みなどについて、一緒に考えていく姿勢が大切です。

参考図書・資料

第1部

【1-1】
アーロン・T・ベックの業績を理解するのに役立つ書籍をご紹介します。
アーロン T. ベック『認知療法―精神療法の新しい発展』岩崎学術出版社、1990
マージョリー・E・ワイスハー『アーロン・T・ベック』創元社、2009
フランク・ウィリス『ベックの認知療法』明石書店、2016

【1-2】
Fujisawa D, Nakagawa A, Tajima M, et al.: Cognitive behavioral therapy for depression among adults in Japanese clinical settings: a single-group study. BMC Res Notes 3:160, 2010
Nakagawa A, Mitsuda D, Sado M: Effectiveness of Supplementary Cognitive Behavioral Therapy for Pharmacotherapy-resistant Depression: A Randomized Controlled Trial. J Clinical Psychiatry (in press)

【1-3】
Bennett-Levy J et al.: Oxford Guide to Low Intensity CBT Interventions (Oxford Guides in Cognitive Behavioural Therapy)
Oxford University Press、2010

【1-4】
Lambert MJ、Handbook of Psychotherapy Integration、1992

【1-5】

支持的精神療法の基本的アプローチが紹介されていて、動画を通して学べるようになっています。

ウィンストン A、ローゼンタール RN、ピンスカー H『動画で学ぶ 支持的精神療法入門』医学書院、2015

【1-6】

ウィレム・クイケン、クリスティーン・A・パデスキー、ロバート・ダッドリーら『認知行動療法におけるレジリエンスと症例の概念化』星和書店、2012

【1-7】

一般の方向けの書籍には、下記のようなものがあります。できれば、書店で手にとって自分に合ったものを選ぶように勧めてください。

大野裕『こころが晴れるノート』創元社、2003

大野裕『はじめての認知療法』講談社現代新書、2011

大野裕『不安症を治す』幻冬舎新書、2007

大野裕『最新版 うつを治す』PHP 新書、2014

大野裕『マンガでわかりやすいうつ病の認知行動療法』きずな出版、2015

大野裕『マンガでわかりやすいストレス・マネジメント』きずな出版、2016

【1-8】

企業で行われた一次予防の成果に関する論文です。

Kimura R, Mori M, Tajima M, Somemura H, Sasaki N, Yamamoto M, Nakamura S, Tanaka K: Effect of internet-based cognitive behavioral therapy training on work performance. Journal of Occupational Health 57（2）: 169-178（2015）

Kojima R, Fujisawa D, Tajima M, Tajima M, Shibaoka M, Kakinuma M, Shima S, Tanaka K, Ono Y: Efficacy of cognitive behavioral therapy training using brief e-mail sessions in the workplace: a controlled clinical trial. Ind Health. 48（4）:495-502（2010）

Mori M, Tajima M, Kimura R, Sasaki N, Somemura H, Ito Y, Okanoya J, Yamamoto M, Nakamura S, Tanaka K: A Web-Based Training Program Using Cognitive Behavioral Therapy to Alleviate Psychological Distress Among Employees: JMIR Res Protoc. 3（4）:e70（2014）

【1-9】
認知行動療法教育研究会の活動についてはホームページをご覧になってください。また、こころのスキルアップ教育の具体的な実践内容は、以下で詳しく紹介されています。
大野裕、中野有美『しなやかなこころをはぐくむこころのスキルアップ教育の理論と実際』大修館書店、2015

【1-10】
認知行動療法と薬物療法の効果的な併用法については、以下で詳しく論じられています。
ドナ・スダック『認知行動療法・薬物療法併用ガイドブック』金剛出版、2013

第2部

【2-1】
精神疾患の診断をめぐる問題を考えるにあたっては、以下の書籍が役に立ちます。
アメリカ精神医学会『DSM-5 精神疾患の診断・統計マニュアル』医学書院、2014

フランセス A『〈正常〉を救え 精神医学を混乱させる DSM-5 への警告』講談社、2013

フランセス A『精神疾患診断のエッセンス―DSM-5 の上手な使い方』金剛出版、2014

大野裕『精神医療・診断の手引き―DSM-III はなぜ作られ、DSM-5 はなぜ批判されたか』金剛出版、2014

【2-2】
クレイン W、パデスキー CA、ダッドリー R『認知行動療法におけるレジリエンスと症例の概念化』星和書店、2012

【2-3】
ライト JH、テーゼ ME、バスコ MR『認知行動療法トレーニングブック』医学書院、2007

【2-4】
マイケル・E・アディス、クリストファー・R・マーテル『うつを克服するための行動活性化練習帳 ―認知行動療法の新しい技法』創元社、2012

ジョナサン・W・カンター、アンドリュー・M・ブッシュ、ローラ・C・ラッシュ『行動活性化(認知行動療法の新しい潮流)』明石書店、2015

【2-5】
日本睡眠学会編纂『睡眠学』朝倉書店、2009

内山真『睡眠のはなし 快眠のためのヒント』中公新書、2013

健康づくりのための睡眠指針 2014、厚生労働省
http://www.mhlw.go.jp/file/06-Seisakujouhou-10900000-Kenkoukyoku/0000047221.pdf

参考図書・資料　253

【2-6】

Kakinuma, M. , Takahashi, M. , Kato, N. , Aratake, Y. , Watanabe, M. , Ishikawa, Y. , Kojima, . , Shibaoka, M. , Tanaka, K.: Effect of Brief Sleep Hygiene Education for Workers of an Information Technology Company. Ind Health, 2010, 48: 758-65, 2010.

Nishinoue N, Takano T, Kaku A, Eto R, Kato N, Ono Y, Tanaka K. Effects of sleep hygiene education and behavioral therapy on sleep quality of white-collar workers: A randomized controlled trial. Ind Health 50(2):123-31. 2012.

Akiko Kaku, Nao Nishinoue, Tomnoki Takano, Risa Eto, Noritada Kato, Yutaka Ono, Katsutoshi Tanaka. Randomized controlled trial on the effects of a combined sleep hygiene education and behavioral approach program on sleep quality in workers with insomnia. Ind Health,50 :52-59, 2011.

Megumi Yamamoto, Norio Sasaki, Hironori Somemura, Saki Nakamura, Yoshitaka Kaneita, Makoto Uchiyama, Katsutoshi Tanaka. Brief cognitive behavioral therapy for insomnia to alleviate workers' distress: A randomized controlled trial. Sleep and Biological Rhythms,14: 211-219, 2016

[著者一覧]

● 大野裕（おおの・ゆたか）
精神科医
（一社）認知行動療法研修開発センター理事長
ストレスマネジメントネットワーク代表
1978年、慶應義塾大学医学部卒業と同時に、同大学の精神神経学教室に入室。その後、コーネル大学医学部、ペンシルバニア大学医学部への留学を経て、慶應義塾大学教授（保健管理センター）、独立行政法人 国立精神・神経医療研究センター 認知行動療法センター センター長を経た後、一般社団法人認知行動療法研修開発センター理事長として活動。
近年、精神医療の現場で注目されている認知療法の日本における第一人者で、国際的な学術団体 Academy of Cognitive Therapy の公認スーパーバイザーであり、日本認知療法学会理事長、アメリカ精神医学会 distinguished fellow、日本学術会議連携会員、日本ストレス学会理事長、日本ポジティブサイコロジー医学会理事長など、諸学会の要職を務める。

● 田中克俊（たなか・かつとし）
精神科医
北里大学 大学院医療系研究科 産業精神保健学教授
1990年産業医科大学医学部卒業後、（株）東芝本社産業医、昭和大学精神神経学教室講師、北里大学大学院医療系研究科産業精神保健学准教授を経て現職。
日本産業精神保健学会常任理事、日本ストレス学会理事、日本産業ストレス学会理事、日本うつ病学会評議員、厚生労働省「健康づくりのための睡眠指針2014」検討委員。

保健、医療、福祉、教育にいかす
簡易型認知行動療法実践マニュアル

2017 年 1 月 31 日　第 1 刷発行
2017 年 2 月 25 日　第 2 刷発行

著者／監修　　大野裕・田中克俊
発　　行　　ストレスマネジメントネットワーク
　　　　　　東京都千代田区飯田橋 3-4-4　〒102-0072
　　　　　　電話 03- 6380-9463　FAX 03-6380-9464
　　　　　　http://www.stress-management.co.jp/

発　　売　　きずな出版
　　　　　　東京都新宿区白銀町 1-13　〒162-0816
　　　　　　電話 03-3260-0391

装　　幀　　江口修平
編集協力　　ウーマンウエーブ
印刷・製本　モリモト印刷

©2017 Yutaka Ono, Katsutoshi Tanaka, Printed in Japan
ISBN 978-4-907072-79-7